シリーズ「遺跡を学ぶ」047

戦争遺跡の発掘

陸軍前橋飛行場

菊池 実

新泉社

戦争遺跡の発掘
—陸軍前橋飛行場—

菊池　実

【目次】

第1章　村に飛行場がやって来た

1　榛名山の裾野

群馬県の中部、高崎の北方から前橋の西方にかけての一帯は、いくつもの峯を連ねた榛名山の東南麓で、なだらかな裾野が広がっている。現在ではこの地域も都市化が進み、畑や林のなかに民家や工場、商業施設がパッチワークのように点在するようになったが、関越自動車道の前橋インターを過ぎたあたりの西方に、こつ然と水田が広がっている（図1）。

この水田地帯こそ、かつて陸軍前橋飛行場があった場所である。地元では、当時、飛行場のあった村々の名前のひとつをとって、堤ケ岡《つつみがおか》飛行場とよばれていた。

二〇〇〇年から〇三年にかけて、この水田地帯の一角で、一般県道（西毛《せいもう》広域幹線道路）を建設するための事前発掘調査がおこなわれ（図2）、水田の直下から飛行場に関連する遺構や当時のさまざまな遺物が出土した。

図１ ●現在の旧陸軍前橋飛行場跡地周辺
写真中央に広がる水田が旧飛行場跡地。よくみると水田の上方、左右に茶色い掘り起こしたところがみえる。ここが発掘調査区である。背後にそびえる山は榛名山、手前は関越自動車道。

本書でわたしは、この発掘調査および周辺の発掘の成果と、当時の陸軍の資料や地元の資料も使用しながら、陸軍前橋飛行場の歴史を復元してみようと思う。

敗戦からすでに六〇年余が経ち、当時のことを知っている人も少なくなってきている。そうしたなかで考古学的発掘調査によって確かめられた遺構・遺物は、後世に戦争の実相を伝えていくための大切な資料といってよい。

現在、広島や沖縄をはじめとして各地で、戦争遺跡の調査と研究、保存と活用を考える学習活動が盛んにおこなわれているが、遺跡の発掘もこうした点で意義あることだと思うのである。

2 陸軍の本土飛行場計画

一九四一年（昭和一六）一二月八日、日本軍がハワイの真珠湾を奇襲攻撃し、日本はアジア太平洋戦争へと突入していったが、この段階の戦闘は航空機が重要な役割をもつようになっていた。このため開戦後、日本軍は戦闘機・爆撃機の生産を増強するとともに、飛行場の建設を拡大していった。

日本本土の飛行場建設はアジア太平洋戦争開戦前から陸軍航空本部が計画し、地上兵団の経理部が主としてその実施に当たった。開戦ごろの本土飛行場の大部分は、増員された操縦者（パイロットを陸軍は操縦者、海軍は操縦員とよんだ）を養成するための教育訓練用飛行場であった。

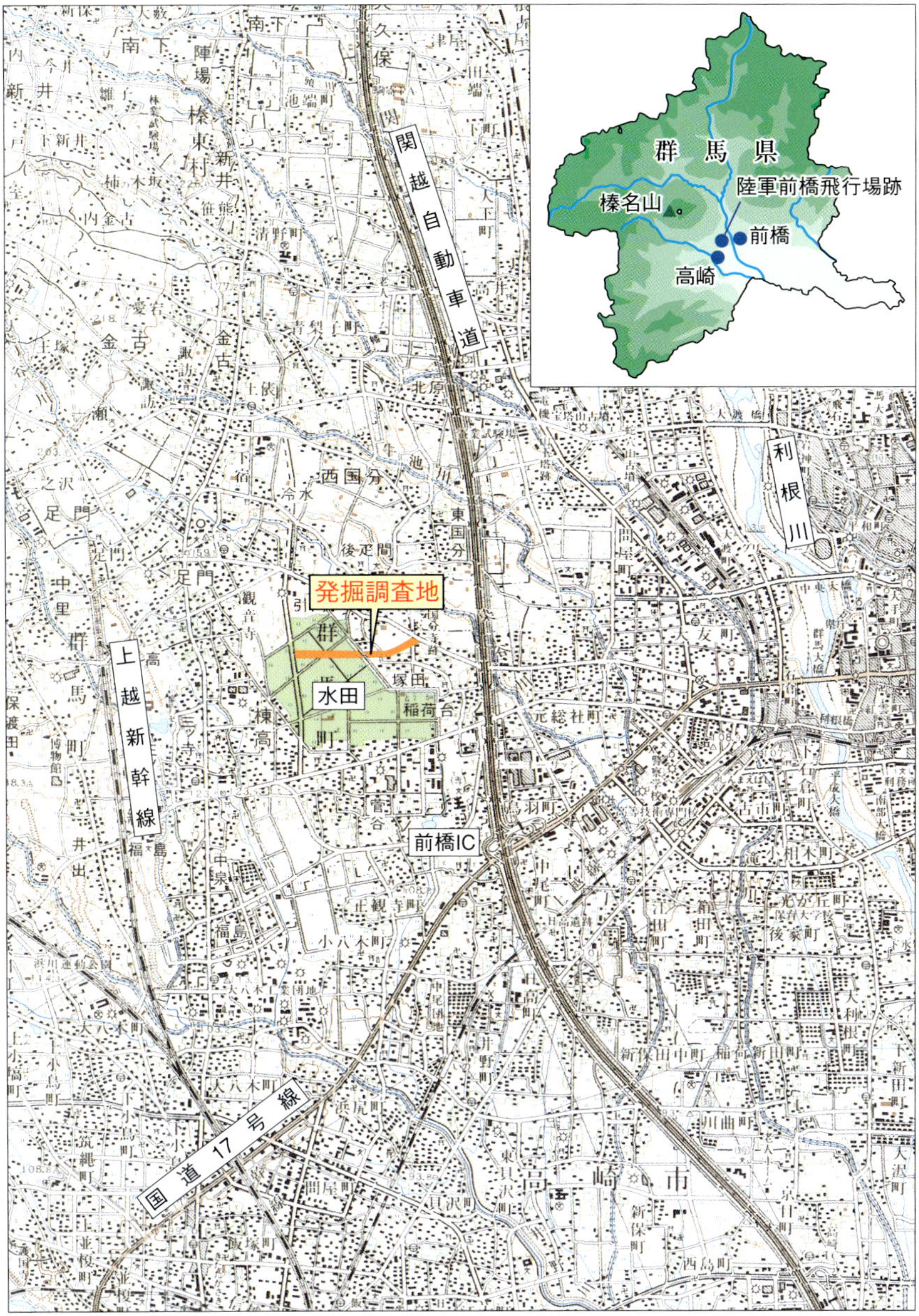

図２ ● 遺跡の位置
遺跡は関越自動車道前橋インターから北北西
約２キロメートルのところにある。

歴史学者の故藤原彰は、その著書『中国戦線従軍記』のなかで、「経理部将校だった父は、私が陸士を卒業（一九四一年七月：筆者注）したころは、陸軍航空本部の第十（建築）課長をしていた。当時は全国で飛行場作りがさかんにおこなわれていて、父はよく日本の国家予算のなかで最高額を使う課長だと話していた」と記している。

元陸軍航空本部総務部部員で陸軍中佐、釜井耕輝の資料によると、この時期、日本本土に新たに設定する飛行場の順序は次のようであった。

一、重要都市及び重要施設の防空並びに教育訓練用の飛行場の設定。

二、北東方面に於ける対米対「ソ」の航空両面作戦飛行場並びに防空飛行場の増加、拡張。

三、教育訓練用飛行場。

そして、既設飛行場との空域関係、地形地貌、天候気象条件を勘案、さらに食糧生産をできるだけ圧迫しないという条件を加味し、水田地帯を避けて平坦な森林、畑地に絞って検討し、教育能率本位の飛行場候補地が設定されていった。

これらをまず図上で詳細に検討を加えてだいたいの腹案を立てる。そして釜井中佐は施設課の主計と技師とともに実地偵察に赴く。現地踏査は飛行場候補地の細部にわたって偵察し、実施計画を立てて必要な経費資材などを計算する。

一九四二年（昭和一七）中に、東北地方は東側を除いて日本海沿岸を福井県まで、九州は南部に重点をおいてほとんど全地域、関東地方は全地域を踏査したという。

本土を広く踏査した結果、教育訓練にもっとも効率のよい「面飛行場」（一辺一三〇〇～一

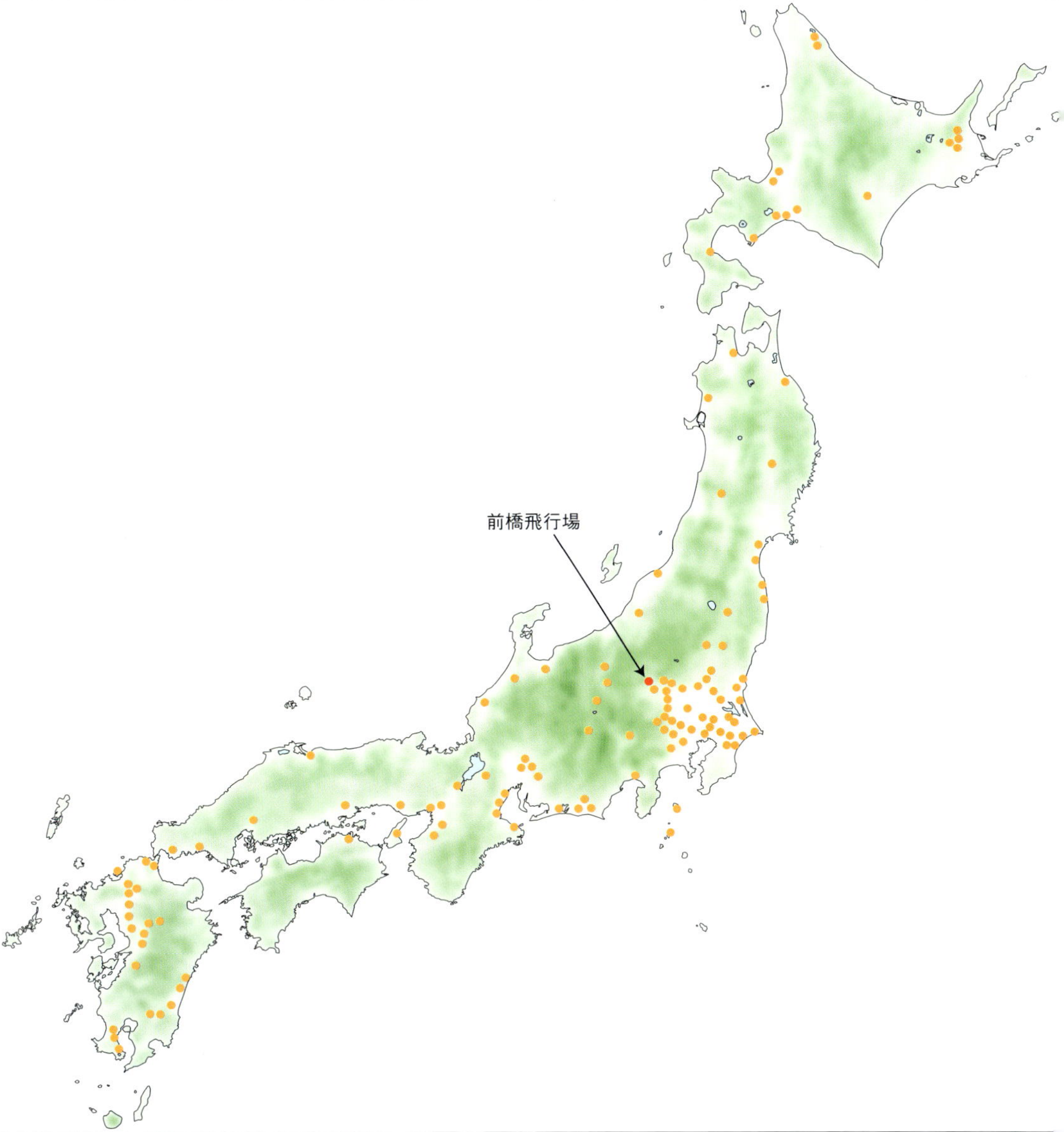

図３ ● 本土飛行場の配置
1943年以降整備された飛行場（秘匿飛行場を除く）は次のとおりである。新設飛行場－壬生、水戸北、成増、松山、児玉、前橋、松本、伊那、大島、新島、富士、小牧、清洲、佐野、由良、広島、防府、高松、蘆屋、福岡、曽根、万世、上別府、唐瀬原。拡張飛行場－油川、印旛、松戸、老津、富山、三国、都城東。

五〇〇メートルの正方形で芝生のものがほとんど）の設定ができ、かつ国民生活を圧迫せず設定経費の節約できる、森林または畑地などの余裕のある地域は、関東地方においては埼玉、群馬、栃木、茨城、千葉の各県に、九州地方では宮崎、鹿児島、熊本の各県に限定された。中部地方と中国地方は、わずかな水田地帯をとり上げないかぎりほとんど不可能な状態であった。

結果、従来六〇数カ所であった内地の飛行場に、さらに二四カ所の飛行場を新設し、七カ所の飛行場が拡張された（図3）。新たに着工した飛行場はすべて教育第一主義の飛行場である。

こうして一九四三年（昭和一八）になって、榛名山の東南麓、当時の行政区画でいうと群馬県群馬郡の国府《こくふ》村、堤ヶ岡村、中川村にまたがる一帯に教育訓練用飛行場が設定されたのである。

3　通告と土地収用

突然の通告

「区長さんの家へ案内してください」

一九四三年五月一九日の正午ごろ、午前中の農作業を終え家に帰る道で、国府村の住谷修さんと父親は二人の軍人（少佐と中尉）にこう尋ねられた。

「区長は住谷仁一という人です。帰りがけにその家の傍らを通りますからご一緒にまいりましょう」と言って共に歩き出した。道すがら「何ができるのですか」と聞くと、「軍の飛行機のユウドウロができるのです」と言われた。住谷さんはなんのことだかぜんぜんわからず、やたらのことを尋ねても悪いと思ってそれっきり何も聞かなかったが、当時の軍人としてはあまりにもていねいな言葉づかいだったという。

午後一時、二人の軍人は集まった隣保班長に簡単な説明をして役場へ行き、二時半ごろに堤ヶ岡の役場へと向かった。みんなは村に軍の重要な施設ができると聞いて驚きと不安で一杯だったという。

これは当時のことを思い出して住谷修さんが語った、陸軍が地元に飛行場建設を通告した日のことである。彼の日記（「村日記」）には、「五月一九日　午後堤ヶ岡菅谷西方へ飛行場を作る由にて地元へ突然に通告し百六十町歩が強制買収されると云う」と記されている。

短期間の強制買収

この後、予定地の買収が急ピッチで進められた。翌二〇日には、堤ヶ岡村国民学校の講堂で地主会が開催された。そして翌二一日の午前中、国府村分二〇町歩の「強制買収」（「村日記」）について地主たちが村役場にて承諾書に捺印している。

そして二二日には、早くも飛行場の測量が開始された。この測量には村民も動員されている。さらに二六日には、飛行場の測量につづいて飛行場の周囲に幅五間の道路が予定され、買収面積を増すということが村に伝えられた。

こうした立て続けの買収に対して、飛行場用地となる堤ヶ岡村・国府村・中川村の三村長らは会合し、飛行場用地買収に関する一〇の要望をあげている。

一、土地買収価格に関する件
二、上作補償料および離作料の件
三、中部用水溜池事業完成後開田予定地の買入価格に関する件
四、田用水路構築費借入未償還金補償に関する件
五、田用水堰堤構築費の補償に関する件
六、用地の周囲に農道設定方の件
七、関係農民の生活安定に関する施策に関する件
八、町村分与税増額に関する件
九、作付統制による割当に関する件
一〇、離農者の対策に関する件

買収価格とともに「関係農民の生活安定」「離農者の対策」といった項目をあげていることからも、強制買収が村民の生活に重大な影響を与えたことがわかる。

その後、軍と地元の交渉がつづき、七月二二日、地元の土地価格協定委員と陸軍航空本部による「土地売り渡し価格協定書」が成立した。

地元では田平均一反歩当たり一一〇〇円を要望していたが、甲乙丙と区分され、反当たり甲は一〇五〇円、乙九〇〇円、丙七五〇円となった。また畑は同九〇〇円を要望していたが、甲乙丙丁と区分され、反当たり甲は九六〇円、乙八一〇円、丙六六〇円、丁五四九円に、山林は

反当たり三〇〇円、宅地は坪五円と決められた。

さらに九月五日には「地上物件補償額協定書」が成立した。桑・麦・蔬菜・人参種・麻・竹林・梨園・柿・栗・庭木・生垣など、そのほか松・杉・檜・桜・樫・欅・桐などが算定されている。

ちなみに地元では桑の上作補償料を反当たり二九七円五〇銭、離作料を反当たり一〇〇円の合計三九七円五〇銭を要望していたが、反当たり補償料九六円、離作料五〇円の合計一四六円となり、小麦は同じく二四七円三〇銭（反当たり補償料一四七円三〇銭、離作料一〇〇円）を要望していたが、補償料六〇円、離作料五〇円の合計一一〇円となった。このほか墓碑・石碑・庚申塔・石灯籠・石垣などが規定されている。

また同日、「家屋移転補償額協定書」も作成され、家屋移転補償額が決められた。

このように軍による土地の強制買収が、地元民に有無を言わせることなく実施されていったのである。

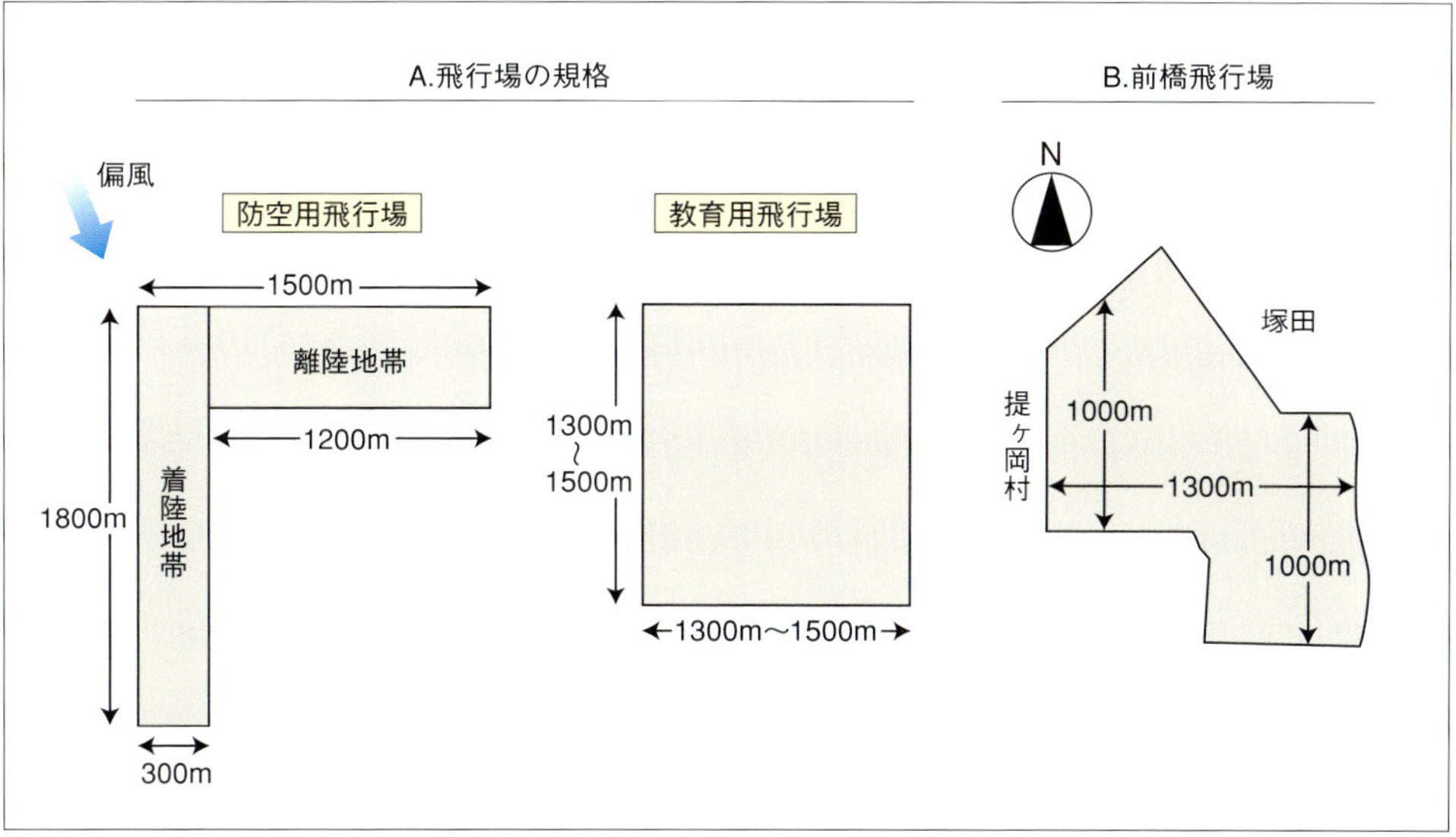

図４ ● 飛行場の規格と前橋飛行場
防空用飛行場は離陸と着陸地帯が区別され、教育用飛行場は一辺 1300～1500 メートルの面飛行場であった。ちなみに面飛行場は全面を離着陸訓練に使用した（A は「本土航空作戦記録」、B は「飛行場記録」より）。

なくなった耕作地

こうして国府村では約二二町歩（約二一万八二〇〇平方メートル）、堤ヶ岡村では約一三六町歩（約一三四万八八五〇平方メートル）、中川村では一町九反（約一万八八四〇平方メートル）の合計約一六〇町歩（約一五八万六〇〇〇平方メートル）の田畑が強制的に接収された。

この地域は桑畑を主体とした畑作地帯であり、あまり水に恵まれない地域であった。おもな農業生産は養蚕、米麦、野菜である。

一九三九年（昭和一四）の国府村の総耕地は三四一・八町歩であり、うち水田二三町歩、普通畑一一四・六町歩、桑園二〇四町歩、その他〇・二町歩であった。水田は約六・七パーセント、これに対して桑園は約六〇パーセントで、周辺の三町村（金古町・堤ヶ岡村・上郊《かみさと》村）のなかでは養蚕への依存がもっとも高い地域であった。

また、堤ヶ岡村の総耕地は四八二・三町歩で、うち田六七・二町歩、畑一九六・一町歩、桑畑二一九町歩であった。田の占める割合は約一四パーセントとやはり少ない。

これに対して西に位置する上郊村の総耕地は四九一・二町歩、うち水田が一二二・五町歩と約二五パーセントを占めており、畑が三六八・七町歩であった。上郊村は周辺町村のなかでは水田のもっとも多い地域であった。

飛行場が建設される直前の一九四三年三月、戦時下食糧不足が深刻になっていくなかで、水陸稲、大豆、甘藷、馬鈴薯、玉蜀黍、麻類、野菜類の増産目標が示された。それは開田、開墾、桑園跡地、桑園間作、空き地、荒廃地の利用、ほか作物の転換により作付け面積を増加するとともに、耕種改善基準の実践につとめ、反当収量の増加を計るものであった。ところが、まさに晴天の霹靂、陸軍飛行場の建設となったのである。

それは図5からわかるように、国府村では村の南西の堤ヶ岡村と接する貴重な水田地帯を、中川村では村の北東端の桑園を、そして堤ヶ岡村では村の東側に位置する一帯の耕地、水田、畑、平地林といった、村にとってきわめて重要な産業の源を、軍に奪われることになったのである。これは三カ村の東・南・西方に広がる水田地帯を避けた結果であったが、この地域にとっては貴重な水田を接収されることに

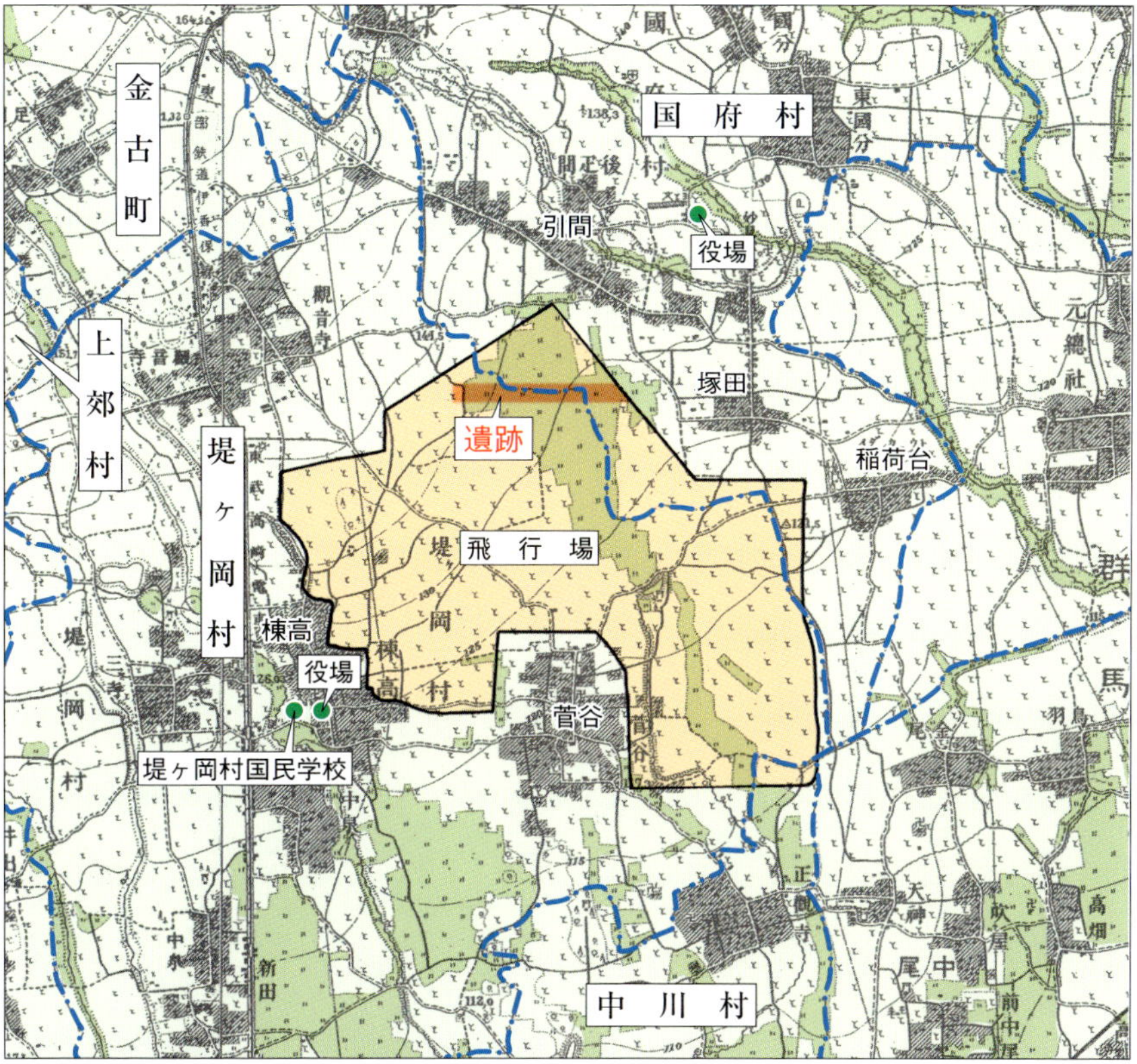

図５ ● 陸軍前橋飛行場と耕作地の分布
1929年測図の1/25000「前橋」地図に、飛行場用地（実線）、遺跡（オレンジ色）、町村境（青線）、水田（黄緑）を表示。
国府村、堤ヶ岡村の貴重な水田が収用されたことがわかる。

なったのである。

さきに引用した飛行場用地買収に関する要望一〇項目のなかにも、「中部用水溜池事業完成後開田予定地」「田用水路構築費借入未償還金」「田用水堰堤構築費」といった項目があったように、水田改良のために地域住民が資金と労力を投じてきたものがとり上げられたのである。

また教育訓練用と設定されたのにもかかわらず、正方形を呈することなくやや変則的な敷地（図4）になったのは、国府村の引間《ひきま》・塚田・稲荷台《とうかだい》の各集落と、堤ヶ岡村の棟高《むなだか》・菅谷《すがや》の各集落を避けた結果でもあった。

4 飛行場造成と勤労動員

青年団の勤労奉仕隊

さて、こうして収用が進む一方、同年八月一日には、陸軍航空本部前橋建築工場より堤ヶ岡村に工事開始の通知が、九月二九日には軍用地内の立入禁止の通知があった。そして、堤ヶ岡村菅谷の北部に陸軍航空本部の出張所が建ち、大野出張所長以下十数名が勤務した。

工事は神崎組（兵庫県姫路市）が請け負い、一般土木を佐野組、松田組、村山組、安達組が、建築土木を佐野組、建築を前山組が担当した。

こうして飛行場の造成工事がはじまったが、これには地域の住民や学校の児童生徒も勤労奉仕に駆り出された（図6）。

一九四三（昭和一八年）

月	飛行場関連	当直日誌（堤ヶ岡村国民学校）	住谷修「村日記」
三月	戦時下　重要農産物生産計画に関する協議		
五月	5・18〜24 飛行場敷地買収に関し役場で臨時雇い四人 5・22 「人夫供給請書」を陸軍航空本部経理部に提出 5・24 **飛行場用地買収に関する要望** 5・25 測量標補修セメント、陸地測量部から役場に送付	5・21 講堂で地主調印の会議	5・19 **飛行場を作る由にて地元へ突然に通告** 5・21 国府村分地主承諾書に捺印 5・22 **飛行場測量開始**
六月	6・12 敷地測量のために使用する人夫延べ五一三人分の労賃請求書		
七月	7・22 **「土地売り渡し価格協定書」成立**		
八月	8・1 **軍用地内に建築工事通知**	8・9 青年学校勤労報国隊の件 8・24 **草刈奉仕（初五以上男女）**	
九月	9・5 **「地上物件補償額協定書」成立** **「家屋移転補償額協定書」成立** 9・29 軍用地内の立入制限	9・16 工事関係半島人来校	
一〇月			10・6 勤労奉仕（東国分壮年隊） 10・11 勤労奉仕（東国分壮年隊） 10・15 勤労奉仕（東国分壮年隊）
一一月			
一二月	12・28〜29 飛行場拡張工事の敷地測量	12・13 半島人転入児童九名 12・27 全職員奉仕	

一九四四（昭和一九年）

月	飛行場関連	当直日誌（堤ヶ岡村国民学校）	住谷修「村日記」
一月		1・4 勤労奉仕開始式 1・9 全職員菅谷作業所勤労奉仕 1・13 高等科菅谷作業所勤労奉仕	
二月	第二次軍事施設拡張による測量	2・1〜3 勤労奉仕員引率 2・15 **飛行場試験飛行あり** 2・24 飛行機見学（初二以上）	2・15 **飛行場へ数機の戦闘機来る** 2・16 赤く塗った練習機来たり 2・17 測量標杭建つ
三月			3・25 壮年隊勤労奉仕
四月	作業中に囚人二名脱走を企てる		
五月		5・30 飛行場より篠運搬（初五以上） 勤労奉仕終了式	5・14〜15 女子青年団勤労奉仕

図６●村誌・日記等にみる陸軍前橋飛行場
飛行場の建設計画からその終焉までを各種記録類から作成した。「飛行場関連」の記事はおもに『堤ヶ岡村誌』『群馬町誌』を参考にした。

月			
六月		6・7 勤労奉仕（先生） 6・27「木材配給申請の件」	
七月		7・14〜17 草刈奉仕（初五以上） 7・29 勤労奉仕（初五以上）	7・15 村警防団勤労奉仕 7・30 女子青年団勤労奉仕　村内の男子も 7・31 連合全戸勤労奉仕　飛行場への勤労奉仕今夕にて打切
八月	8・1 **宇都宮飛行学校前橋教育隊** 特別操縦見習士官約一五〇名入隊 少年飛行兵約八〇名	8・3 草刈奉仕（高一・初六・全員） 8・7〜9 草刈奉仕（初四以上） 8・14 草刈奉仕（初五以上） 8・23 勤労奉仕（初五以上） 8・24 アカザ根とり奉仕 8・28 アカザ根とり奉仕（初五以上）	8・1 **飛行場完成　盛んに離着陸を行う** 8・14 宇都宮より戦闘機五〇機飛来 8・15 国府国民学校に飛行隊航空兵七〇名入る
九月	9・3「立木伐採の件」 9末 少年飛行兵南方へ	9・30 飛行学校開設式	9・24 飛行学校開校式
一〇月	10・9 **宇都宮飛行学校前橋教育隊閉鎖** **熊谷飛行学校前橋分教場**		
一一月	11・1 **一三三二三部隊堤ヶ岡隊（防衛隊結成・飛行場警備）**	11・26 **学童勤労動員高等科二年生** **熊谷飛行学校前橋分教場へ**	
一二月			12・7 **戦闘機飛行場へ急降下訓練（特攻隊）** 12・8〜9 一三機編隊の戦闘機急降下訓練 12・11 八紘隊（特攻隊）九州へ 12・13 防空要員飛行場へ

一九四五（昭和二〇年）

	一月	二月
飛行場関連		2・9 **熊谷飛行学校前橋分教場閉鎖** 2・15 **中島飛行機製作所分工場** 2・18 銀河五機飛来 2・25 電電四機　月光一〇機 銀河七機　彗星五機
当直日誌（堤ヶ岡村国民学校） 当直日誌（上郊村立国民学校）		
住谷修「村日記」		2・17 終日味方機の発着
小林敏男「日誌」		2・2 飛行機を海没させる 2・17 特攻隊長の命令を拝する

三月	四月	五月	六月	七月	八月	十月
九六式輸送機一機飛来 3・5 誠飛行隊（特攻隊）				7・10 九七戦一五機　一式戦九機 二式複座戦三機 操縦者六七名配置 **米艦載機空襲** 陸軍航空輸送部第九飛行隊 前橋派遣隊	8・15 **敗戦**	
3・18 飛行隊よりオルガン借用に来校 3・19 飛行将校来校 3・23 正気隊（特攻隊）見送り		5・28 飛行場道路作業（初三以上） 5・29 誘導路奉仕作業（初四以上）	6・5 飛行場大豆まき 6・15 誘導路奉仕作業（初五以上） 誘導路奉仕作業（初五以上） 6・16 誘導路奉仕作業（初五以上） 6・20 勤労奉仕（高一・二男女） 6・25 勤労奉仕（初五以上） 6・28 半島人と仲良くする 6・29 勤労奉仕（初五以上）	7・7 飛行場芝植作業（初六女） 7・10 **校舎空襲を受け、全員異常なし** 7・16 勤労奉仕（初五以上） 7・27 勤労奉仕（高二男女） 7・28 芝植作業（高一男女）	8・2 飛行場除草（初五以上） 飛行場甘藷畑除草（高等科女） 8・3 飛行場甘藷畑除草（高等科女） 8・9 誘導路奉仕作業（高一・二男女）	
3・3 飛行場の人足に大勢出る				7・30 飛行場をねらい日の暮れる迄敵機	8・17 飛行場の軍属帰郷 今朝より格納庫の破壊始まる 8・27 飛行場より各種の資財を兵隊がトラックで運ぶ 8・28 米軍機三機低空にて飛来、飛行場を見に来る	10・16 米兵二〇人飛行場へ来る
3・4 **36・37飛行隊前橋へ転進の命** 3・6 と号の飛行機を掩体に運ぶ 3・10 38飛行隊到着 3・18 隊歌を練習　午後伊香保へ 3・20 出陣式 3・24 先発の住田隊、小野隊出発 3・26 **前橋を発進** 3・29 熊本隈庄に展開完了 3・31 隊員二名事故死	4・6 **宮崎新田原飛行場から沖縄に向けて特攻出撃**					

さきにもふれたように、五月に測量がはじまった段階ですでに村民が動員されていたが、『堤ヶ岡村誌』によれば、工事がはじまると郡の連合青年団は「国土防衛の第一線となるべきこの工事に蹶起し勤労奉仕隊を組織」し、群馬郡の全町村の青年団（北群馬郡を含む）が毎日三カ町村（一町村約三〇人）ずつ奉仕に出ることにしている。さらに周辺の勢多《せた》郡や碓氷《うすい》郡の各町村の青年団も加わり、一日六カ町村が奉仕に動員された。同団の勤労奉仕は五カ月続いた。

こうした勤労奉仕は「五月一四日　女子青年団飛行場へ勤労奉仕、此の多忙時に男も女も耐え難き事」「七月一五日　今朝より村警防団を四分し飛行場へ連日勤労奉仕始まる。此の多忙時に全くどうにもならず」と村日記に記されたように、地元に過度の負担となっていた。

そのほかにも前橋刑務所の囚人、青年学校の生徒、在郷軍人分会、教員組合、警防団（消防団）、高崎市の土建業者組合、前橋の国民学校（小学校）高等科の生徒などが加わり、「一日の就労人員が二千百十一名に及んだ日もあった」という。また「四月の物凄い砂ほこりの立つ空っ風のある日、作業中の囚人二名が脱走を企てて大さわぎをした事もあった」

児童の勤労奉仕

一方、堤ヶ岡村国民学校児童による飛行場敷地内の草刈り作業が、造成工事開始前の八月二四日にはじまっている。午後一時から初等科五年以上の男女が動員された。翌日からは初等科四年以上に拡大され、二七日まで続いている。

翌四四年（昭和一九）夏にも、堤ヶ岡村国民学校の当直日誌によると、「七月一四日金曜日本日より飛行場の草刈奉仕。午後四時半初五以上」と、草刈りの動員があった。この作業は一七日までつづけられた。さらに、「七月二九日土曜日（航空本部）勤労奉仕初五以上」と、完成直前の施設での奉仕活動もあった。

さらに、完成前日の七月三一日には、「連合全戸飛行場勤労奉仕」がおこなわれ、村役場を通しての勤労奉仕はその日の夕方に終了した。

ただし、国民学校児童の勤労奉仕は完成後も続き、「八月三日木曜日　高一、初六、全員草刈奉仕のため飛行学校に行き作業す」「八月七日　初四以上草刈奉仕」と、夏の草刈りがつづけられた。「八月二三日　初五以上午前中勤労奉仕」「八月二四日　飛行場アカザ根とり奉仕作業午前五時」などと、

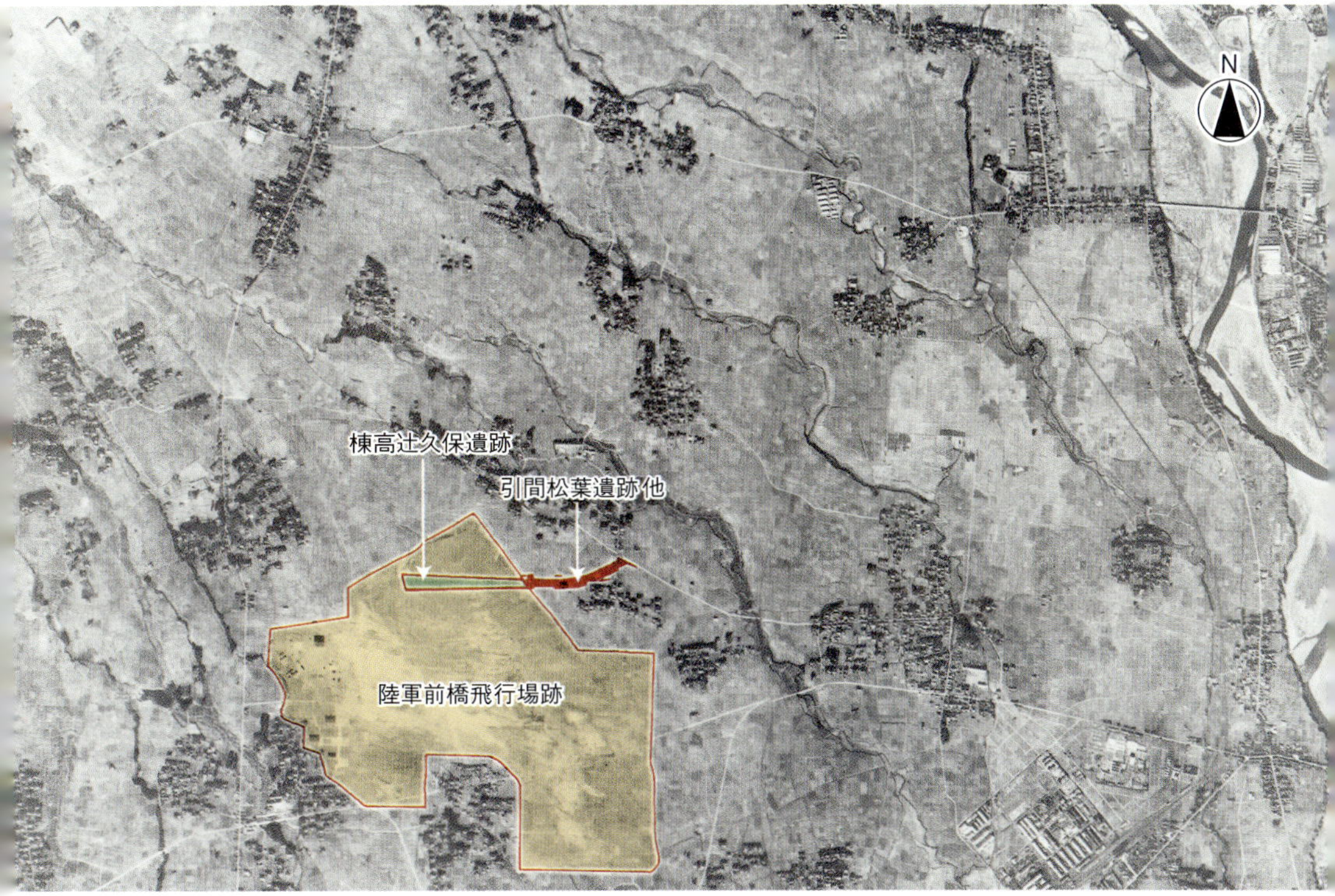

図７ ●戦後まもなく米軍によって撮影された遺跡周辺の航空写真
赤線で囲ったところが飛行場。飛行場の西側部分に格納庫などの施設が残っているのがみえる。写真東端に利根川が写っている。

七月と八月には集中的に実施されている。飛行学校とは飛行場内にあった熊谷飛行学校前橋分教場のことで、ここには完成後も高等科二学年の男子児童四七名が機体整備や通信などの各部門に分かれて働いた。

四五年（昭和二〇）の春に誘導路の拡張工事がおこなわれた際にも、五月二八日から八月九日まで計一四日、誘導路造成の補助作業や芝植え、除草作業に動員された。なかには「八月二日　高等科男女飛行隊植付けの甘藷畑等の手入れのため勤労奉仕をなす」（上郊村国民学校）といった作業もあった。こうした勤労奉仕は敗戦を迎える八月一五日の直前まで続けられた。

このように地元国民学校の「当直日誌」からは、初等科四年以上の男女児童が頻繁に勤労奉仕に動員されたことがわかる。飛行場の造成・開設は地域の子どもたちにも多大な影響があったのである。

朝鮮人労働者

飛行場の造成には朝鮮人労働者も従事させられていた。四三年九月一六日の堤ヶ岡村国民学校の日誌には「来校者、工事関係半島人（児童入学について）」の記載がある（なお、「半島人」は朝鮮人に対する当時の差別的表現である）。同年一二月一三日に九人の朝鮮人児童が転入し、翌日の会礼で全校児童に紹介されている。また上郊村国民学校でも四五年の日誌に「半島人と仲良くする」という記載があり、堤ヶ岡村にかぎらず周辺の村にも飛行場関係の工事で朝鮮人が働いていたことがわかる。だが、その雇用形態、規模、期間などは不明である。

5　陸軍前橋飛行場の完成

こうして一九四四年二月一五日には、いまだ完成していない滑走路に金網を敷いてはじめての飛行機が着陸した。翌一六日には、赤く塗った練習機が飛来し、木の葉返しやその他の高等飛行をおこない、大勢の村民が見物に行ったという。

そして八月一日、飛行場は完成した。東西一三〇〇メートル、北西～東南一八〇〇メートルの広さであった（図７）。

ほぼ全面を滑走路として使用し、西側部分に各種の施設がつくられた。滑走路はコンクリート敷きではなく、整地された面に一部金網を敷いて使用していた。

建設された建物施設は、本部一棟、兵舎二棟、格納庫大三棟（四五×四五メートル）、小四棟（二五×三五メートル）、グライダー庫一棟、衛兵所一棟、飛行機の模型を置いて講義をおこなう講堂一棟、学科をおこなう講堂一棟、修理工場一棟、雑品庫二棟、発動機修理工場一棟、防火用貯水池大四、小三、食堂、炊事場各一棟および便所であった。

完成と同時に、宇都宮飛行学校前橋教育隊が開隊した。特別操縦見習士官（特操）約一五〇名が入隊、少年飛行兵も約八〇名が古河から転属してきた。特操はグライダー訓練を、少年飛行兵は練習機での飛行訓練をおこなった。住谷修さんの日記にも、盛んに離発着をおこなったと記録されている。

第2章　飛行場造成の痕跡

1　細長い発掘区

発掘調査は、一般県道前橋足門《あしかど》線バイパス（西毛広域幹線道路）の建設にともなう調査として二〇〇〇年四月一日に開始し、〇三年九月三〇日まで実施した。

榛名山の東南麓、群馬県高崎市引間町と棟高町にあることから、遺跡の名前は現地の字名をとって「棟高辻久保遺跡」と「引間松葉遺跡」という。前橋市の中心部からは五キロほど西に位置したところで、榛名山・赤城山・妙義山の上毛三山などを見渡すことができる標高一二九〜一三四メートル前後の立地である。北西から東南にかけて緩傾斜している。

はじめに試掘調査がおこなわれ、古代の水田や住居跡と思われる遺構がみつかったことから、本調査の開始となったのである。さらにかつて飛行場があったことはわかっていたので、それにかかわるなんらかの遺構の存在も視野に入れて調査を進めることになった。

遺跡は、図5・7でみたとおり、陸軍前橋飛行場中央部の北端近くに位置していた。調査面積は約三万五一一六平方メートルで、飛行場敷地の約二・二パーセントにあたる。飛行場跡のごく一部の調査であった。

道路建設の事前調査のために調査区は長い。そこで調査区を農道で区切り、東端を0区、その西側をⅠ区からⅦ区まで設定して調査を開始した（図8）。

その結果、縄文時代中期から近代までの遺跡が連綿として続いていることが判明し、飛行場造成によってそれらの遺跡が破壊されたり、偶然に残されたことがわかってきたのである。

2　接収された田畑

飛行場造成土にパックされた田畑

調査ではまず、飛行場造成の痕跡がみつかった（図8a）が、さらにその下から強制買収された田畑がみつかった（図8b）。

それは調査地のⅡ区からⅥ区にかけてであった。その東側は水路の痕跡だけだった。また西側は標高が高いことから、飛行場造成時に削平の対象となってしまったようだ。

この田畑の遺構は、飛行場工事のはじまる直前の姿をとどめているものである。飛行場造成土によって完全にパックされていたが、それはまた、それ以前の遺跡をも完全に包含することになったのである。今日の大型土木機械を使用しての造成工事とはちがって、人力を主体とし

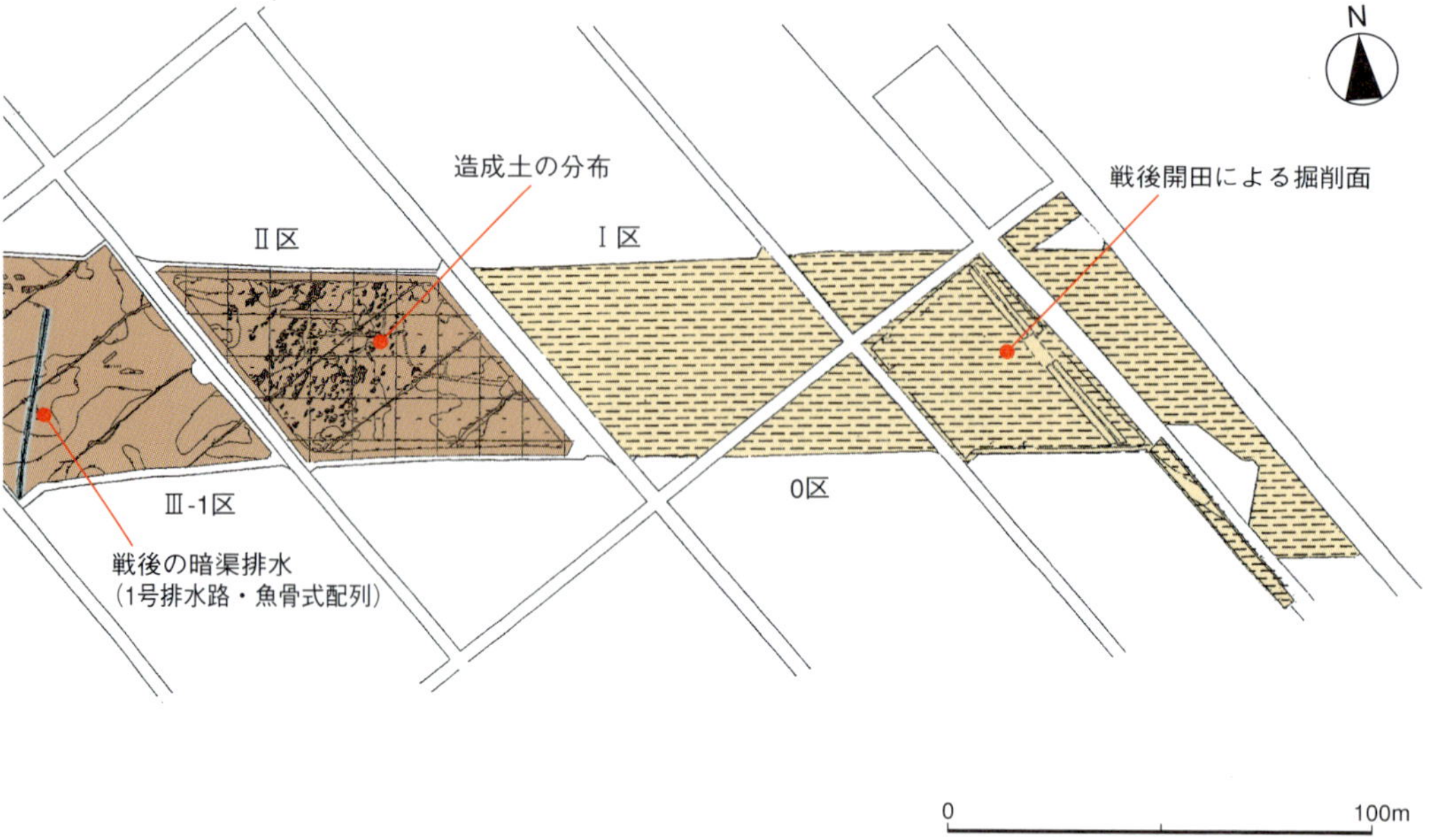
N
造成土の分布
戦後開田による掘削面
Ⅱ区
Ⅰ区
0区
Ⅲ-1区
戦後の暗渠排水
(1号排水路・魚骨式配列)
0
100m

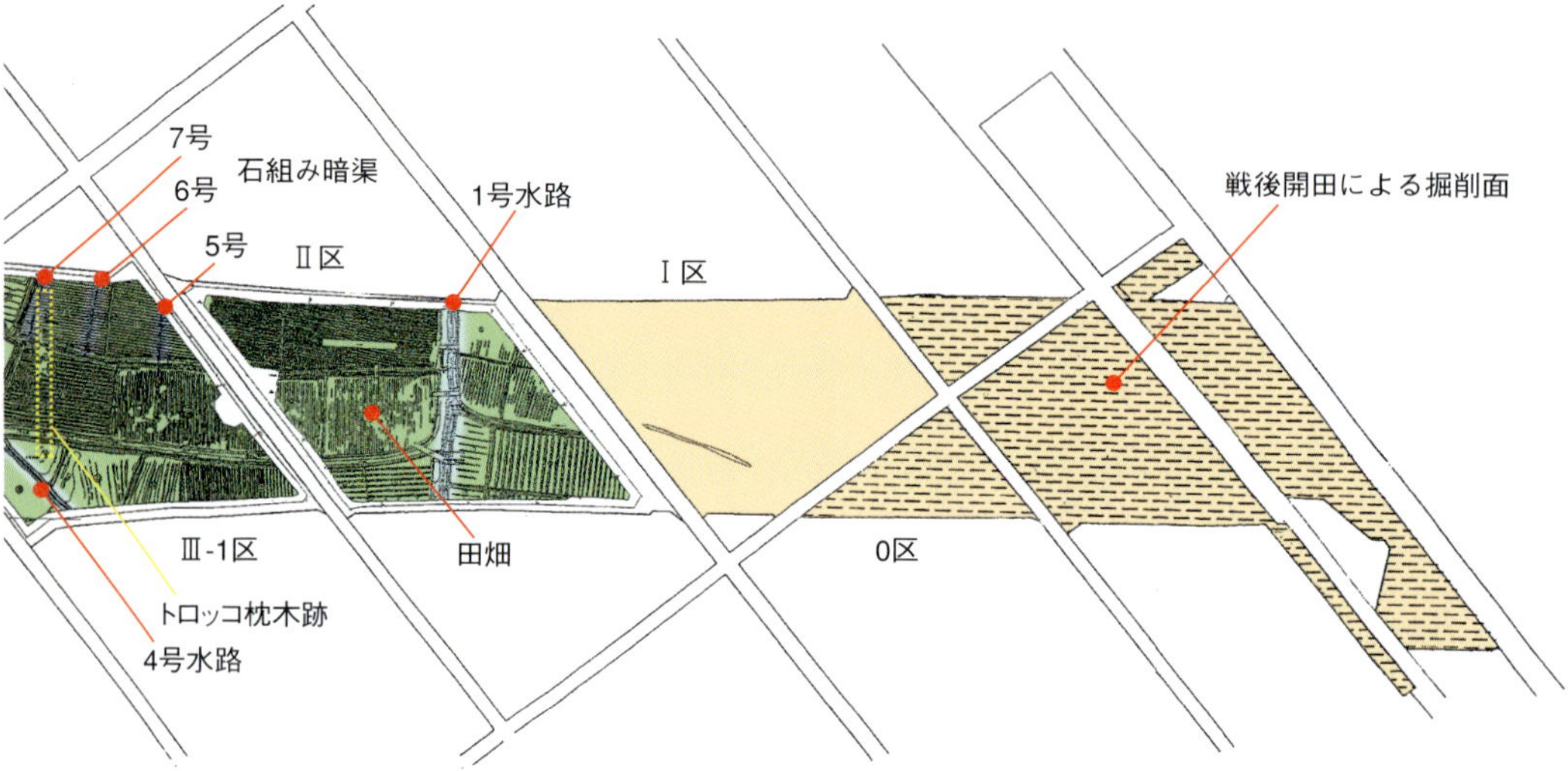
7号
石組み暗渠
6号
1号水路
5号
戦後開田による掘削面
Ⅱ区
Ⅰ区
Ⅲ-1区
田畑
0区
トロッコ枕木跡
4号水路

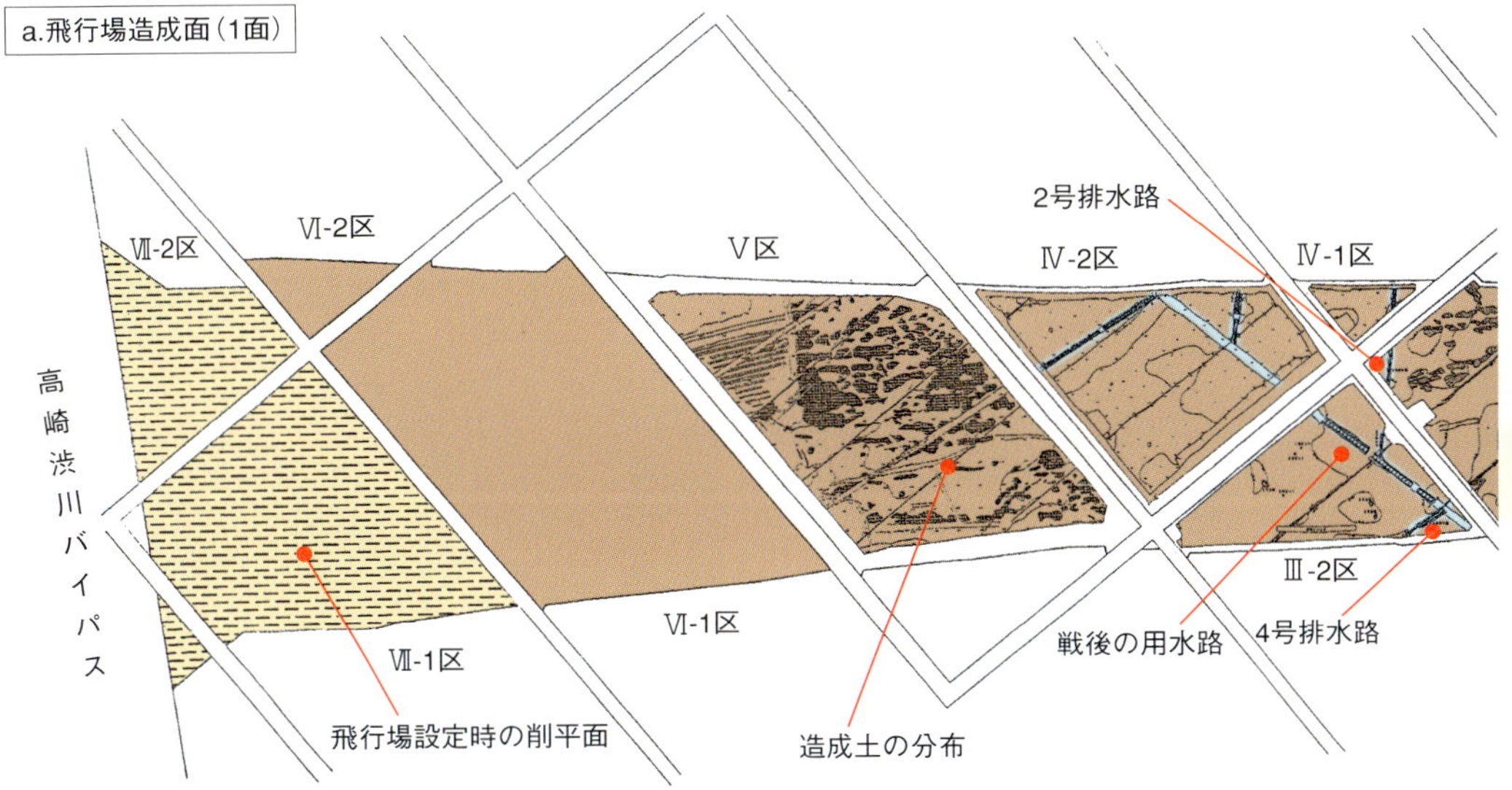

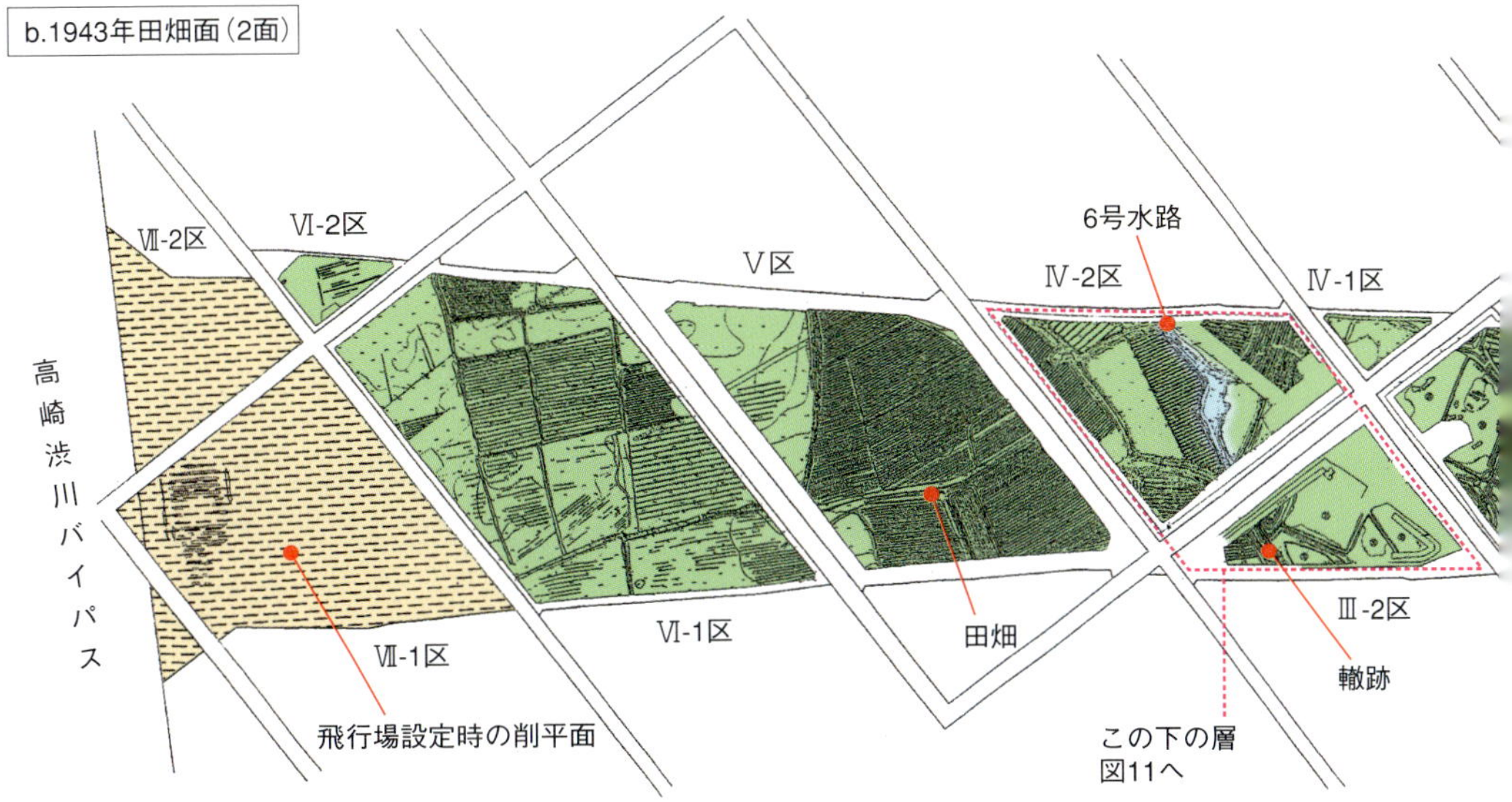

図 8 ● 飛行場造成面（a）と 1943 年当時の田畑面（b）
bのⅡ区検出の１号水路は、旧引間村と旧菅谷村の村境、Ⅳ-2 区検出の６号水路は旧菅谷村と旧棟高村の村境。その後、1889 年（明治 22）に引間村は国府村に、菅谷村と棟高村は堤ヶ岡村となった。１号水路は国府村と堤ヶ岡村の村境となり、飛行場建設時まで存続した。

た工事の結果であった。

しかし、この田畑面を検出することについては異論がだされた。部分発掘でよいとか、そもそも田畑をくわしく調査する必要があるのか、といった意見である。これらの意見は、調査をとおして地域の歴史を解明していくという基本姿勢を否定するものであり、破壊される遺跡の代償として最低限記録を作成するという、考古学的発掘調査の姿勢自体を放棄するものにほかならなかった。

わたしたちは、飛行場造成時に接収された田畑の測量図や写真などの記録類が今日までほとんど残されていないことから、みつかった田畑面を飛行場造成と一体の遺跡として理解し、水田の区割りの確認と旧地形の確認をおこなう、という方針で調査を進めた。

北西から東南にかけて緩傾斜する地形は、遺跡の中央部（Ⅳ区からⅢ区）にかけて低地となる。そしてその東側（Ⅲ区からⅡ区）にかけて残存状

図9 ● Ⅱ区検出の接収された田畑
Ⅱ区〜Ⅵ区にかけて飛行場建設時に接収された田畑が検出された。畦や水路が明瞭に残っていた。

態のよい田畑三四筆と水路を検出した（図９）。区画がほぼ完全にわかって、完掘できたのは九筆である。

田畑面には、大きくみて南北方向と東西方向の異なる二種類のサク状の溝があるのがみえるだろう。それはサク間隔の短いもの、幅広のものなど、一〇種類に分けることが可能であった。これは米の収穫後、秋から翌年までの期間、麦などの栽培がおこなわれていたものと考えられるが、麦のほかにどのような蔬菜類が栽培されていたのであろうか。

暗渠排水の検出

田畑面をさらに発掘していくと、接収された田畑面の下層と平安時代の水田に至る間から、排水路がみつかった（図８b）。

みつかったのは三本の石組みの暗渠（Ⅲ―１区／５～７号、図10）。いずれも同規模・同構造で、幅〇・四～〇・七メートル、確認面からの深さ〇・一二～〇・二二メートルの溝であった。

図 10 ● ７号排水路
Ⅲ-１区から検出された石組みの暗渠。土管以外の材料を用いた簡易暗渠排水である。

壁に沿って石を配列し、その上にやや大きめな石を乗せたものである。水路に接続する個所には同種の土管を埋設している、同時期の構築である。田畑面からの深さは〇・三〜〇・四メートルであった。

さらに、その西側の調査区では、木組みの暗渠（Ⅲ—2区／8〜11・13・14号）と石組み暗渠（12号）、それに付属する土坑がみつかった（**図11**）。その走行は、大きくみて東西走行（8・10・11・14号）と南北走行（9・12・13号）の二種類である。そのうちの8号排水路は幅〇・五〜〇・九メートル、確認面からの深さ〇・二〜〇・三五メートルである。溝の両側に杭を配列して、その上に杭を蓋とした構造である。東南隅で9号排水路（**図12**）とつながる。10・11号は木蓋を使用している。10号の板は全点クリ材であった。

土坑は、長径二・六六メートル、短径一・三五メートル、深さ一・一メートルである。土坑の上縁に六本の杭を渡して木製の蓋で覆っていた。

これらは土管以外の材料を用いた簡易暗渠排水である。

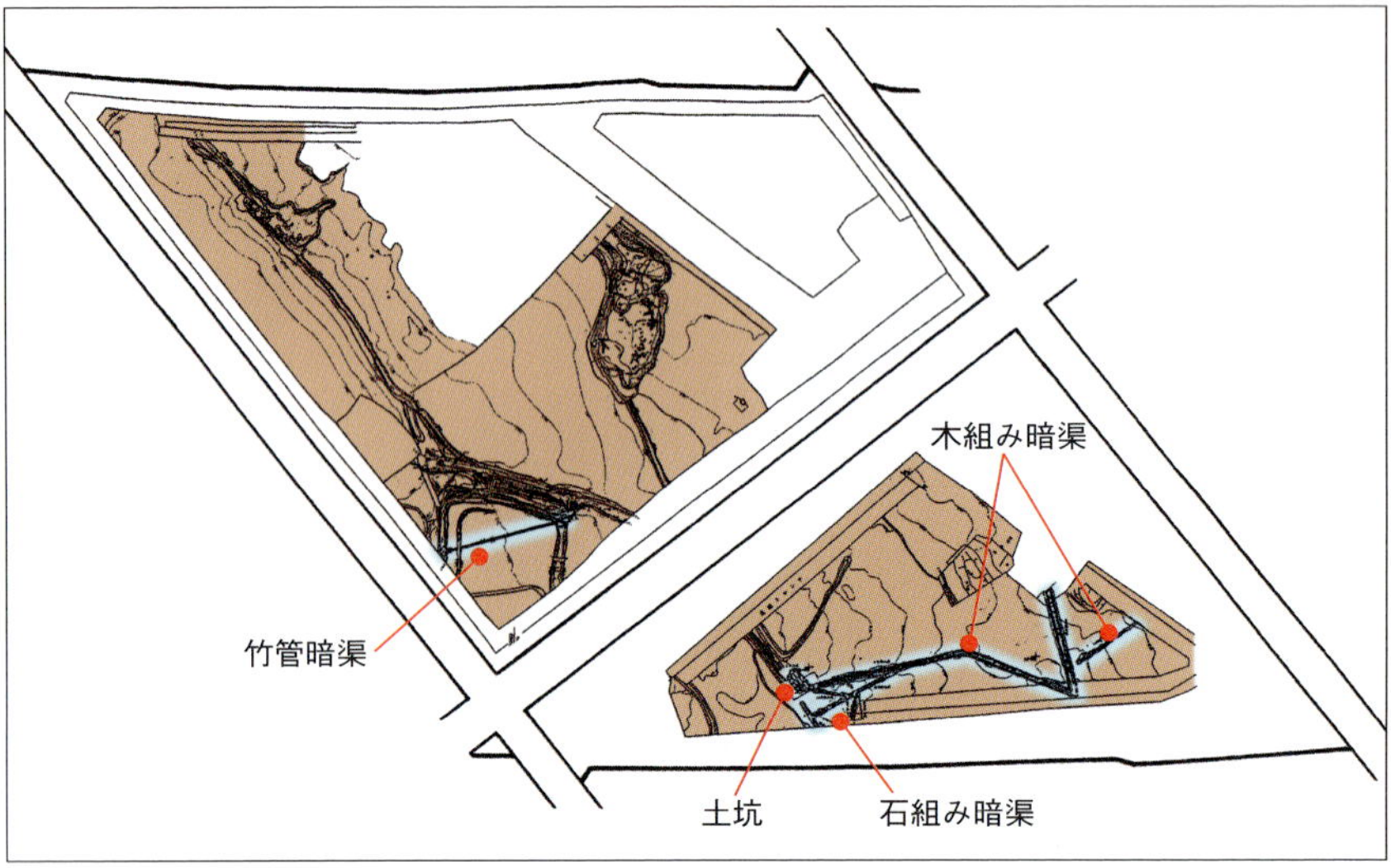

図 11 ● 田畑の下からみつかった排水路（Ⅲ-2区、Ⅳ-2区）
土壌の過剰水分を排除し、そのときの作物に都合のよい条件下に整えておくためのもの。

安くて経済的だが、その一方で腐りやすく、土砂が侵入して沈殿するなどして、耐久年限の短いのが欠点である。石組みの場合、石の容易に得られる場所では構築費用は安価になるが、運搬距離が大きいと不利であった。

竹を使用した暗渠もあった（Ⅳ―2区）。竹管暗渠はわが国特有のもので、竹の内径をそろえていねいに接合すれば、粗悪な土管暗渠に劣らない機能をもつ。

これらの排水路は土壌の過剰水分を排除し、そのときの作物に都合のよい条件下に整えておくためのものである。地下に管または透水に都合のよい材料を適当に埋設し、地下で過剰水分を吸収し、これを農耕地の外に導く排水工作である。沼沢状の耕地を改良する必要があったのであろう。先人の苦労が偲ばれる。

これらの暗渠排水の施工時期は明確でないが、明治〜昭和戦前期が考えられる。飛行場はこうした地域住民の努力によって改良された田畑を潰して建設されたのである。

図12 ● **木組みの暗渠排水**（9号排水路）
Ⅲ-2区。これも簡易な暗渠排水の一例である。溝の両側に杭を配列して、その上に杭を蓋としていた。写真はその蓋を取り除いたところ。

3　飛行場造成の痕跡

トロッコの枕木と轍跡

田畑面には、飛行場造成時の痕跡も残されていた。

その一つが、長さ〇・八〜一・三メートル、幅〇・一〜〇・二メートル、深さ約五センチの窪みである。それが計三三個、〇・八〜一メートルの間隔で延長約三九メートルにわたって刻まれていた（図13）。途中、田畑の区画をお構いなしに、畦を壊したり、また畦の上にも、ほぼ直線についている。

全体図作成のために空中写真を撮影し、そのプリントをみた担当者の一人が、トロッコの枕木の痕跡と気づいた。トロッコを使って土を運んだ、という証言を裏づける遺構となったのである。その西側の調査区で鉄製の枕木が出土していたが、この遺構に該当するものであろう。

もうひとつ、北西から東南に延びる畦道上に轍跡が認められた（図14）。この畦道は東南隅で壊されている。これらの痕跡もまた飛行場建設のために造成土を運び込んだ跡であろう。

造成土の発見

厚さ約二〇センチの現水田面の下からは、暗褐色土に黄色の砂層土がまばらに入る面がみつかった。調査の進捗とともに飛行場建設にともなう造成面であることがわかってきた。

それはⅡ区からⅥ区にかけて検出することができた（図8a・15）。なかでもⅣ区でもっとも

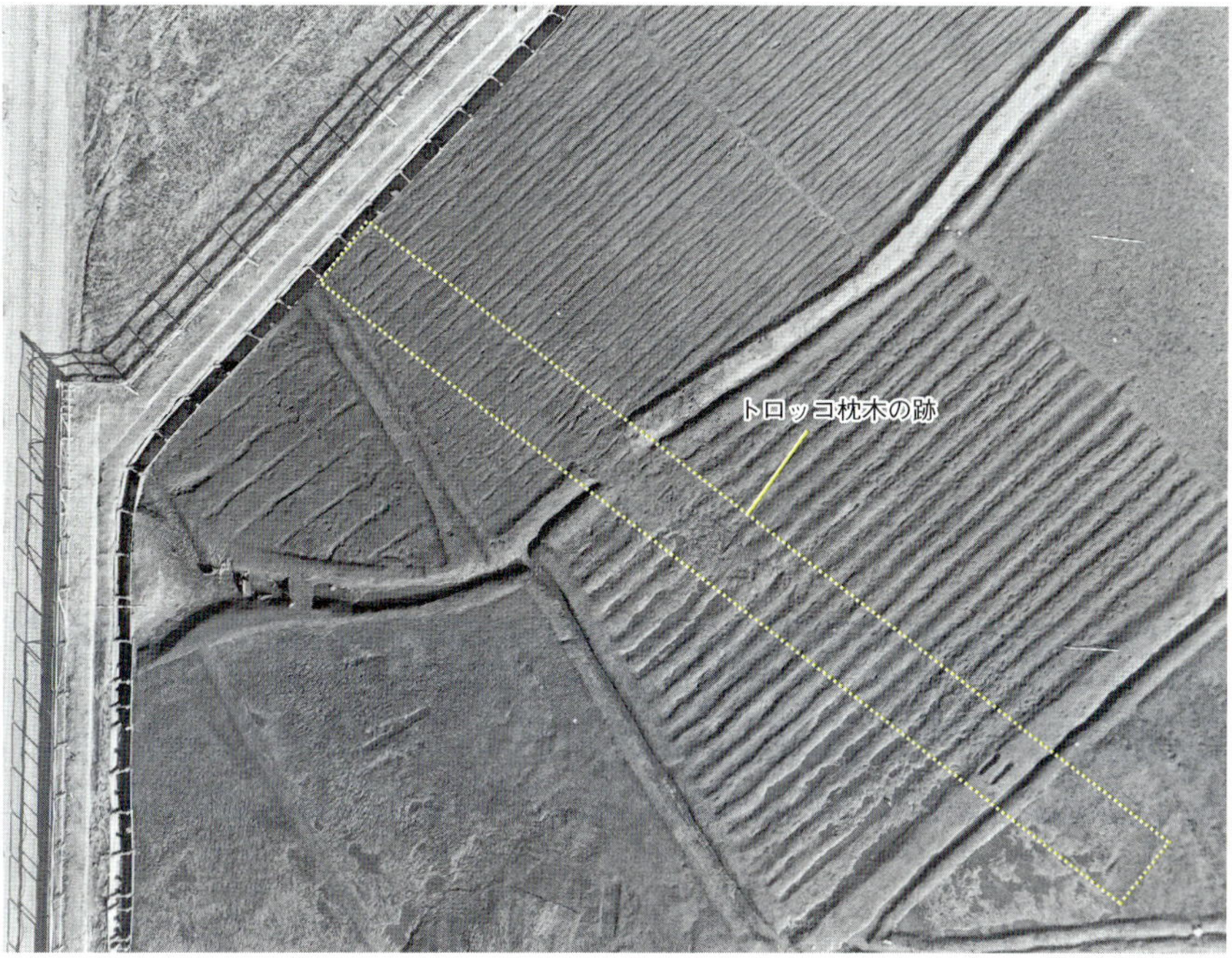

図 13 ● 田畑面に残るトロッコ枕木の跡
写真上：発掘区の左上から右下にかけて長さ 80 ～ 130 センチのくぼみが確認できる。トロッコを使って土を運んだ、という証言を裏づける。
写真下：畦を壊していることがわかる。

図 14 ● **畦道に残る轍跡**
Ⅲ-2区。写真をよくみると畦道の上に細長い何本もの窪みが残されている。

図 15 ● **飛行場造成面の空中写真**
Ⅱ区。暗褐色土に黄色の砂層土がまばらに入っているのがわかる。

厚く、一・二メートル堆積していた。またその堆積状況から判断すると、北北西方向から順次整地され、またⅤ区にあっても北から南に整地されていったことがわかる。Ⅵ区では、わずかな痕跡を検出したにとどまった。また、0区・Ⅰ区は戦後の開田により、Ⅶ区は飛行場建設時に削平された地区であることもわかった。

Ⅱ区検出の飛行場造成土は北壁で二〇〜六〇センチ、東壁で一〇〜四〇センチ、西壁で四〇〜七〇センチの厚さがあった。

この造成土には黄灰色凝灰質砂のブロックからなる土層や、灰色軽石を含む暗褐色土などが認められた（図16）。軽石の多くはＡｓ―Ｂ（浅間Ｂ降下軽石層：浅間山噴出、一一〇八年（天仁元）降下）に由来しており、ほかにＡｓ―Ｃ（浅間Ｃ降下軽石層：浅間山噴出、四世紀中葉降下、四世紀をさかのぼる可能性もある）やＨｒ―ＦＡ（榛名二ツ岳渋川テフラ：榛名山噴出、六世紀初頭降

図16 ● 飛行場造成土の写真
左上から右下に堆積しているうす茶色の土の層が飛行場の造成土。

下）などに由来するテフラ粒子が混在していた。

また、造成土のなかにブロック状に含まれる黄色や黄灰色の凝灰質砂層には、古墳時代以降の特徴的なテフラ粒子が含まれておらず、層相を合わせるとより古い扇状地構成層に由来する、と考えられるものであった。このことから造成にあたっては、遺跡が存在する地層だけではなくて、さらに深く掘削されていったことがわかる。

4 遺跡の破壊

飛行場の下には

発掘調査では、飛行場の造成土中から土師器《はじき》片や須恵器《すえき》片が多数出土した。須恵器の埦、ガラスビン、蹄鉄、寛永通宝などである（図17）。また焼土の堆積と土師器片が出土したところもあった（Ⅱ区）。掘削した面に存在した竪穴住居跡の竈《かまど》を壊し、その竈の焼土が造成土の一部として運び込まれた結果と思われる。

これらは飛行場造成にともなって破壊された、古代や近世の遺跡の存在を裏づけるものであった。飛行場建設時に遺跡が破壊されたのである。戦時下においては、こうした遺跡の存在はほとんど顧みられることはなかったのであろう。

『堤ヶ岡村誌』にも、飛行場建設のとき「地均しに当って小張地区（大字棟高）から古代のものと思われる石棺、骨壺等が発見され、又大日林地区（大字菅谷）からは埴輪、石斧等の古代の器物が発掘された」という記述がある。

以下、飛行場の歴史とは直接かかわりがないが、どのような遺跡が破壊されたのか、あるいは偶然に残されたのかをみていこう。

原始・古代の集落

Ⅰ区からは縄文時代中期の配石土坑と奈良・平安時代の集落（図18）、Ⅱ区〜Ⅲ区にかけては一一〇八年（天仁元）に浅間山が噴火した際の火山灰で埋没していた平安時代の水田（図19）、Ⅴ区〜Ⅶ区にかけては同じく四世紀中葉か四世紀をさかのぼる可能性もある火山灰が堆積して

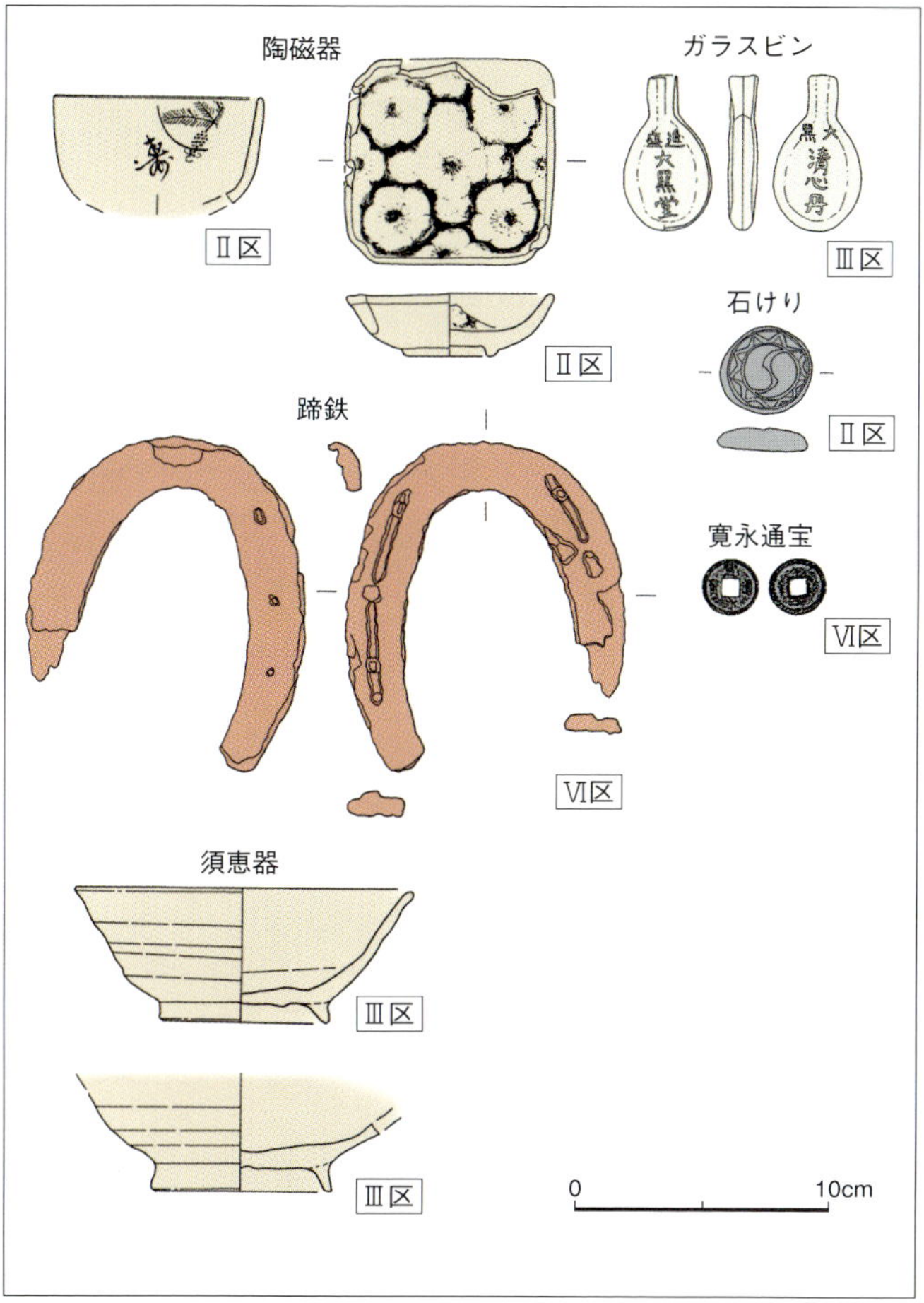

図17 ● 造成土中からの出土遺物
Ⅱ・Ⅲ区からは陶磁器やガラス製品、須恵器の埦、Ⅵ区からは蹄鉄や古銭が出土している。

図 18 ● みつかった奈良・平安時代にかけての集落跡
写真中央の発掘区において白線で四角に囲われたのが住居跡、時代が異なる住居跡がかさなって検出された。

図 19 ● みつかった平安時代の水田跡
1108 年降下の浅間 B 降下軽石層（As-B）で埋没していた。
白線で囲われた区画が水田面で畦と水口が検出された。

図 20 ● 古墳時代前期の住居跡
Ⅵ区・覆土上層に榛名二ツ岳渋川テフラ〔Hr-FA：6 世紀初頭降下〕、床面上に浅間 C 降下軽石層〔As-C：4 世紀中葉降下〕が堆積していた。

いた弥生時代後期の住居跡、古墳時代前期の住居跡（図20）、さらに後期の住居跡、奈良・平安時代の集落などがみつかった。

これらのことから、縄文時代中期の集落跡は遺跡の北東方向に予想でき、弥生時代後期から古墳時代前期にかけての集落の広がりは遺跡の北西方向に考えられた。遺跡の主体は奈良から平安時代にかけての集落であり、住居跡の総数は二二六軒に及んだ。その分布から、0区・Ⅰ区、そしてⅤ区～Ⅶ区が居住域となり、Ⅱ区～Ⅳ区が生産域であったと判断された。

中世の屋敷跡と水路

Ⅵ区から東西約二五メートル、南北約三五メートルの溝による区画がみつかった。この溝からは内耳鍋、茶臼、石鉢、砥石、北宋銭などが出土している（図21）。区画内部からはピット群が検出され、屋敷跡と考えられた。

さらに用水路がみつかり、この地域における水田開発の画期が一五世紀にあったことが明らかとなった。中世の水田は遺構としては検出できていないが、水田が存在したことは確実と思われる。この時代に谷部分の湧水を利用した小規模な水田から、用水路を用いた水田へと拡大していったのであろう。

発掘された近世村境の水路

近世に属する遺構としては、南北走行と東西走行の水路が二種類みつかった。

南北走行の1号水路（図22）は、上幅三〜四・六メートル、下幅〇・八〜三メートル、深さ〇・四〜〇・九メートル、長さ約四一メートル分を検出した。幹線的な水路である。北端から中央部の西側にかけて石敷きが認められた。東に分岐する水路の規模は、幅〇・七〜一・三メートル、深さ〇・三八〜〇・六メートル、I区では、その水路の痕跡が検出されている。

この水路の覆土下層からは、江戸時代の寛永通宝がまとまって出土した。その上層からは一七世紀の美濃陶器皿、天目碗、在地系の焙烙、一八世紀の波佐見系磁器碗、瀬戸・美濃陶器茶碗、一九世紀の瀬戸・美濃磁器湯飲み茶碗、そして明治・大正・昭和にかけての土瓶・急須・湯飲み茶碗などが出土している。

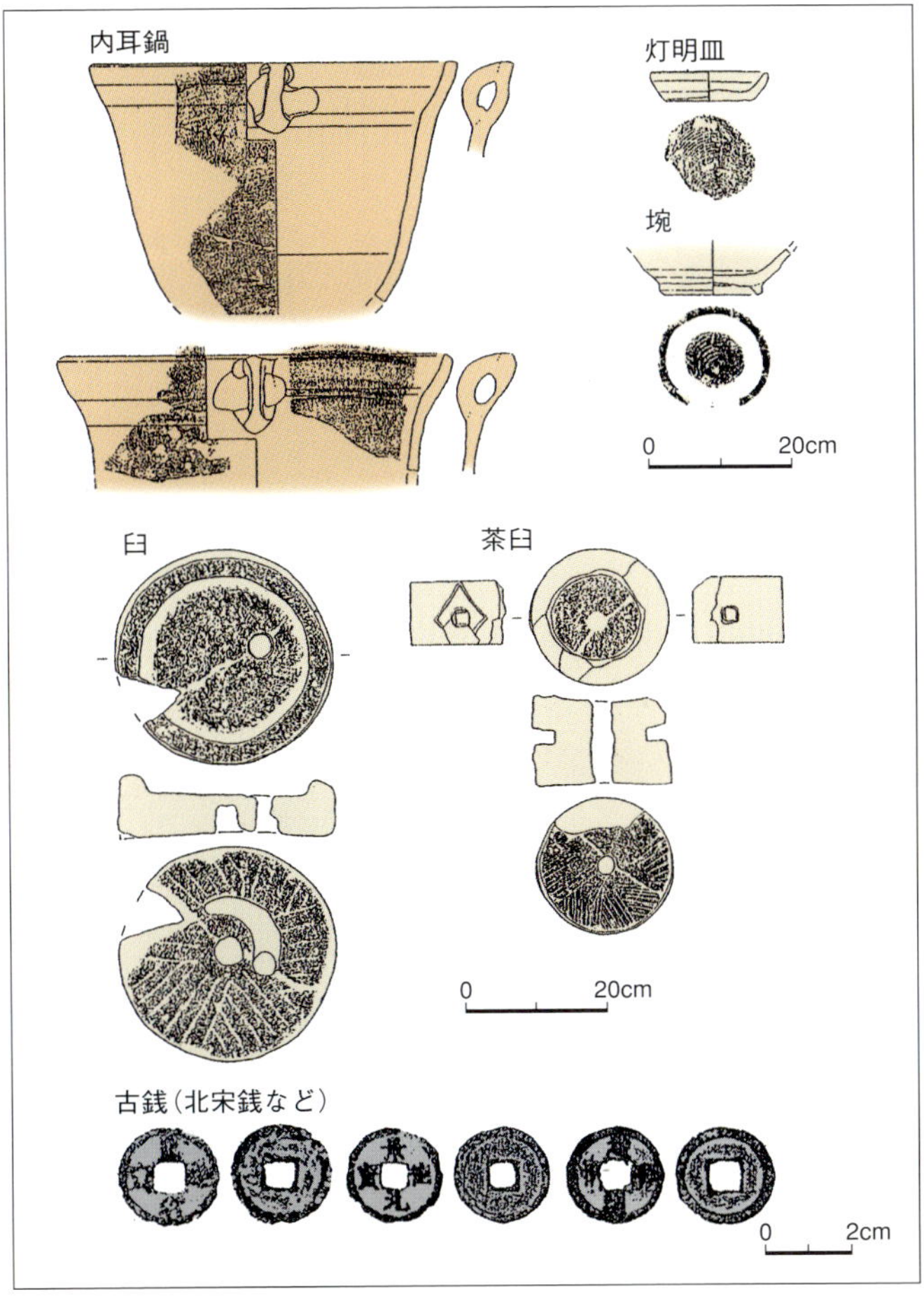

図21 ● 中世の溝からの出土遺物
Ⅵ区・屋敷跡の溝から内耳鍋、茶臼、灯明皿、北宋銭などの遺物が出土した。

一番新しい遺物は軍用食器（一九四一年以降）であった。このほか薬ビン・インクビンなどのガラス製品、煙管、櫛、下駄、一九二一年（大正一〇）の白銅貨五銭と一九四〇年（昭和一五）のアルミの一銭などである（図23）。以上の出土遺物から、この水路は一七世紀から機能していたものと考えられる。

4号水路は、調査区の北から南西へ、さらに東南方向へ走行している。

東西方向の水路は、南側を2号水路とし、北側を3号水路とした。5号水路は調査区の南西から弧を描くように検出されている。5号水路の覆土中からは、土師器や須恵器、陶磁器などが出土している。2・4・5号水路の合流点は深く、多量の石に混じって五輪塔が出土した。また底面に多数の杭が残っている。

Ⅳ区検出の6号水路（図24）は、上幅一・七〜六・五メートル、下幅〇・二〜五メートル、深さ

図22 ● 1号水路
この水路は1889年に国府村と堤ヶ岡村の村境となり、飛行場建設時まで存続していた。

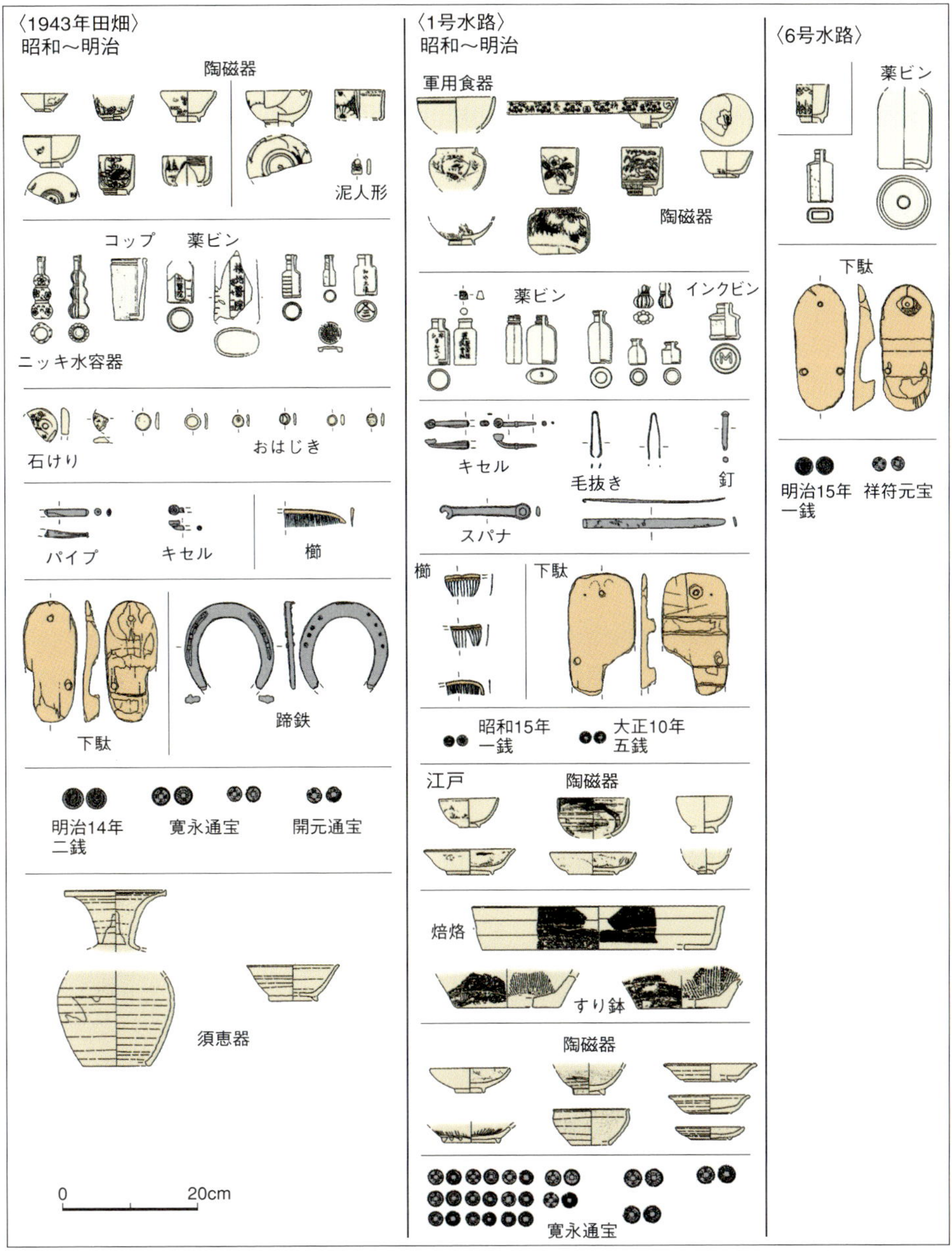

図 23 ● 1943 年の田畑面と水路からの出土遺物
須恵器の壺・埦、開元通宝・寛永通宝などの遺物は、造成工事によって破壊された遺跡の存在を明示するものである。

○・六三〜一・三メートルである。調査区の北から蛇行しながら南に走行し、途中、径約一○メートルほどの楕円形状の池がある。その覆土中からは、土管・瓦・茶碗・下駄・ガラスビン・明治一五年の一銭などが出土した。

以上、1・4・6号の各水路は、一八八一年（明治一四）作製の「棟高村引絵図」に描かれている。それによれば1号水路は引間村と萱谷村の村境を、6号水路は萱谷村と棟高村の村境となっていた。

周辺遺跡の調査では

飛行場造成工事では、用地全域に存在したであろう遺跡の破壊をともなっていた。一九九八年に開通した高崎渋川バイパスに接する調査区（Ⅶ区）でも遺構がみつかっている。

このバイパスは飛行場跡地を南北に縦貫しているが、跡地のすぐ北では群馬町教育委員会によっ

図24 ● 6号水路
写真のやや右上に蛇行する水路がみられる。
近世の萱谷村と棟高村の村境となっていた。

て西三社免《にしさんじゃめん》遺跡が調査され、また跡地南側では（財）群馬県埋蔵文化財調査事業団によって菅谷石塚遺跡が調査されている。

西三社免遺跡からは、住居跡三六軒（古墳時代前期二、中期一、後期一、他は奈良・平安時代）、土坑四七基、溝二二条、畠一カ所がみつかった。溝・土坑の多くは中世以降のものである。菅谷石塚遺跡からは中世の掘立柱建物二棟、井戸、堀、古墳時代の水田、平安時代の水田、近世の畠跡がみつかっている。

この西三社免遺跡の本調査に先行して、飛行場跡地の埋蔵文化財の状況が不明であることから、試掘調査がおこなわれていた。しかし、文化財が出土せず、空白であることを確認したということだった。このために飛行場跡地部分の発掘調査はまったく実施されなかった。思うに、飛行場跡地であったことから、たとえ遺跡が存在していたとしても造成工事の過程で破壊されてしまったか、たとえ一部に遺跡が存在していても、戦後の開田によって完全に破壊されてしまったのでは、との思い込みがあったのではなかろうか。それが試掘調査にも影響を与えたものと思われる。

第3章　飛び立った特攻隊

1　特攻隊の訓練基地へ

サイパン陥落と本土飛行場

一九四四年七月、日本の絶対国防圏の最前線であったサイパン島の日本軍が玉砕、日本本土は米軍の爆撃機B29の空襲圏内に入ることになった。このため陸軍航空本部は、内地の教育訓練用飛行場を一律に作戦飛行場へと切り替えるよう命じた。

そして空襲による飛行機の損害を防止するため、格納庫に代わり地形を利用して偽装をほどこした多数の飛行機置き場（掩体《えんたい》）をつくり、飛行機や燃料、弾薬を分散して保管するよう指示した。また対空火器の増強もおこなわれた。

前橋飛行場でも、四五年四月までの三回の拡張工事で掩体が三〇カ所つくられ、対空機関銃座が設置された。第1章でみた、四五年春に国民学校児童が勤労奉仕に動員された「飛行場誘

シリーズ「遺跡を学ぶ」

◎第Ⅰ期［全31冊］ 完結！

01 北辺の海の民・モヨロ貝塚 米村 衛
02 天下布武の城・安土城 木戸雅寿
03 古墳時代の地域社会復元・三ツ寺Ⅰ遺跡 若狭 徹
04 原始集落を掘る・尖石遺跡 勅使河原 彰
05 世界をリードした磁器窯・肥前窯 大橋康二
06 五千年におよぶムラ・平出遺跡 小林康男
07 豊饒の海の縄文文化・曽畑貝塚 木﨑康弘
08 未盗掘石室の発見・雪野山古墳 佐々木憲一
09 氷河期を生き抜いた狩人・矢出川遺跡 堤 隆
10 描かれた黄泉の世界・王塚古墳 柳沢一男
11 江戸のミクロコスモス・加賀藩江戸屋敷 追川吉生
12 北の黒曜石の道・白滝遺跡群 木村英明
13 古代祭祀とシルクロードの終着地・沖ノ島 弓場紀知
14 黒潮を渡った黒曜石・見高段間遺跡 池谷信之
15 縄文のイエとムラの風景・御所野遺跡 高田和徳
16 鉄剣銘一一五文字の謎に迫る・埼玉古墳群 高橋一夫
17 石にこめた縄文人の祈り・大湯環状列石 秋元信夫
18 土器製塩の島・喜兵衛島製塩遺跡と古墳 近藤義郎
19 縄文の社会構造をのぞく・姥山貝塚 堀越正行
20 大仏造立の都・紫香楽宮 小笠原好彦
21 律令国家の対蝦夷政策・相馬の製鉄遺跡群 飯村 均

A5判96頁オールカラー
各1500円＋税

導路」とは、この掩体と滑走路をつなぐ道のことである。

　また同じころ、中島飛行機製作所の分工場が前橋飛行場に移転、四式戦闘機「疾風《はやて》」（図25）の生産をおこなうというように、飛行場本来の任務だけでなく軍需生産の役割ももつようになった。航空廠の出張所もでき、部品の発注、飛行機の整備などもおこなわれた。

　教育訓練面では、サイパン陥落の翌八月に宇都宮飛行学校前橋教育隊が開隊し、春に飛行場が完成してからようやく飛行訓練がはじまったが、はやくも一〇月には教育隊は閉鎖されてしまう。かわって熊谷飛行学校前橋分教場となり、通称「赤トンボ」とよばれた複葉練習機による飛行訓練が実施されたが、この分教場も四カ月後の四五年二月には閉鎖となってしまった。

　そして三月に入って、この前橋飛行場に陸軍特別攻撃隊の三飛行隊三六機が到着する。敵艦に体当た

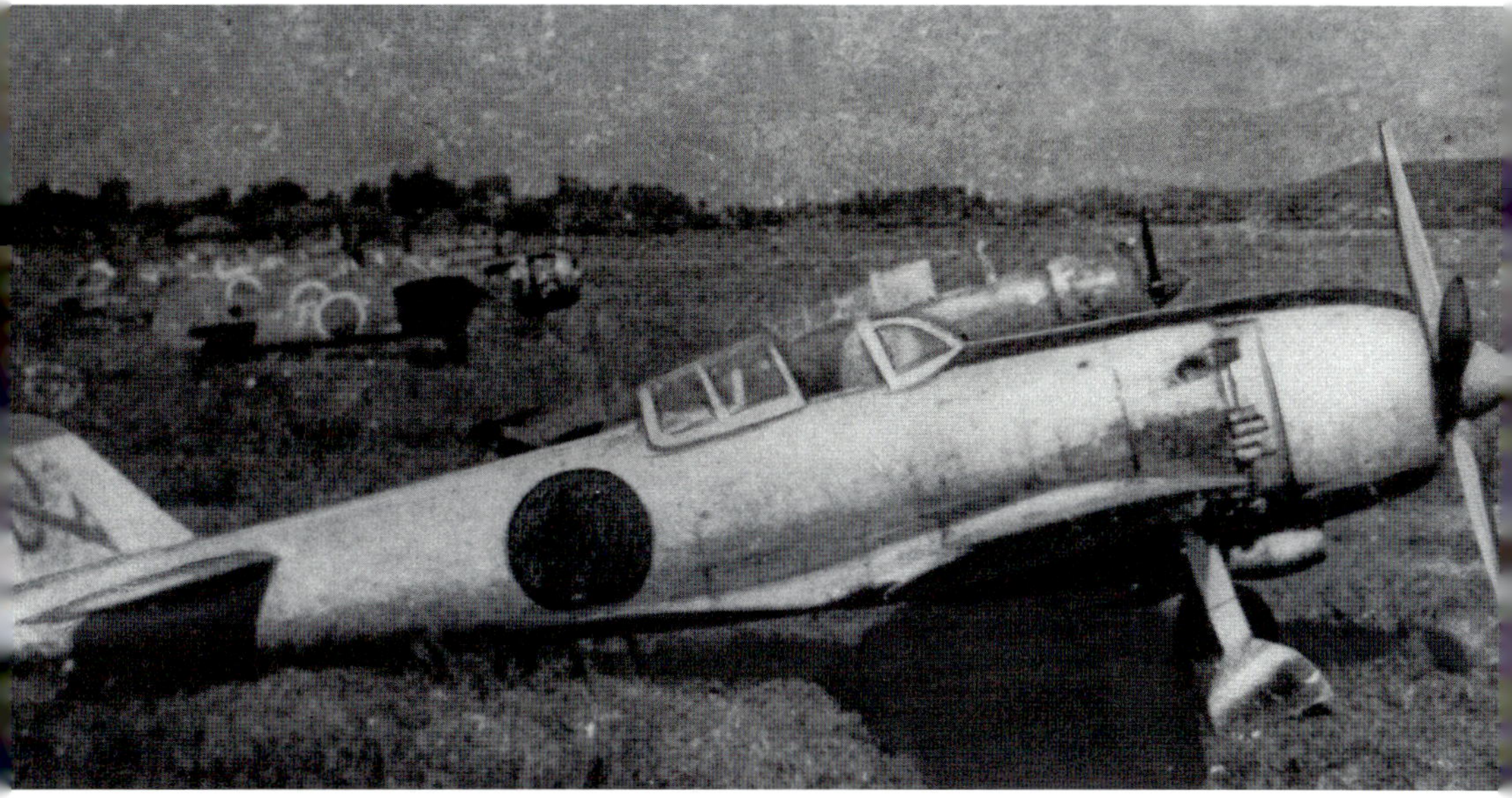

図25 ●陸軍・四式戦闘機「疾風」
前橋飛行場では1945年2月から中島飛行機製作所の分工場が移転してきて疾風の生産をはじめた。月産100機の計画であった。

り攻撃する部隊である。

特攻隊「と」第36・37・38隊

陸軍航空機による敵艦への特攻攻撃は、フィリピンでの捷一号決戦（一九四四年一〇月から四五年一月）で約二一〇機が投入されたのがはじまりである。

サイパン陥落後、米軍のつぎの目標はフィリピンの奪還にあった。これは日本軍にとって、本土と石油資源などを補給する南方とを分断されてしまうため、絶対に阻止しなければならなかった。このため日米双方が海軍戦力の総力を結集してフィリピンで戦闘がおこなわれた。有名なレイテ沖海戦である。

そして、この決戦で敗れた日本軍は、つぎに沖縄が作戦目標となる公算がもっとも大きいと判断し、来るべき沖縄戦にむけて準備に入った。

一月二九日、陸軍中央部は「と」号部隊の編成を発令した。「と」は特攻隊の略号である。このとき「と」18～47隊までの計三〇隊が編成されるが、九州福岡の大刀洗《たちあらい》陸軍

図26 ● 陸軍・九八式直協偵察機
1938年に採用された偵察機。前線付近の情報を収集し、地上部隊の作戦に直接協力（直協）する目的で開発された。特攻では100キロ爆弾1個を翼下に装着した。

飛行学校の教官、助教によって「と」36・37・38の三隊が編成された。一隊は少尉の隊長以下、曹長・軍曹・伍長ら一二名で、合計三六名であった。使用した飛行機は九八式直協偵察機（図26）で、所属先は陸軍の沖縄方面航空作戦を指揮した第八飛行師団。師団の通称号は「誠」といった。

この「と」第36・37・38隊が、四五年の三月初旬から二六日までの二〇日間あまり、特攻訓練をしたのが前橋飛行場であった（住谷修さんの日記によると、それ以前の前年一二月、特攻隊の戦闘機〔フィリピン戦線に投入された八紘隊〕が来て急降下訓練をした記録があるが、詳細はわからない）。

特攻隊が九州各地の飛行場から沖縄に向けて飛び立ったことは有名である。しかし、その彼らが遠く、関東の前橋飛行場で訓練をしていたことはあまり知られていない。以下、前橋飛行場を舞台とした戦争の実相の一端として、特攻訓練と隊員の様子をみていこう。

2　訓練と苦悩の日々

みつかった特攻隊員の日誌

昭和の時代が終わり平成の時代を迎えた一九八九年、陸軍前橋飛行場で特攻訓練をおこなった、第37飛行隊長の小林敏男少尉の日誌がみつかった。この日誌は一九四五年の一月一日からはじまり、沖縄へ向けて特攻出撃した四月六日の前日まで記されていた（図27）。筆者は二〇〇二年、関係者から日誌の複写を提供していただいた。

さらに、もう一つの日誌の提供も受けた。それは第36飛行隊員の岡部三郎伍長の日誌である。この日誌は一九四五年三月二五日、前橋飛行場を離陸してから九州の基地に移動し、沖縄に向けて特攻出撃する当日の四月六日までの記録であった。

これらによって、前橋飛行場での特攻訓練や隊員の様子が明らかとなったのである。以下、これらの日記を中心に、特攻の実相を追っていこう。なお、日記中の括弧内は筆者の注である。

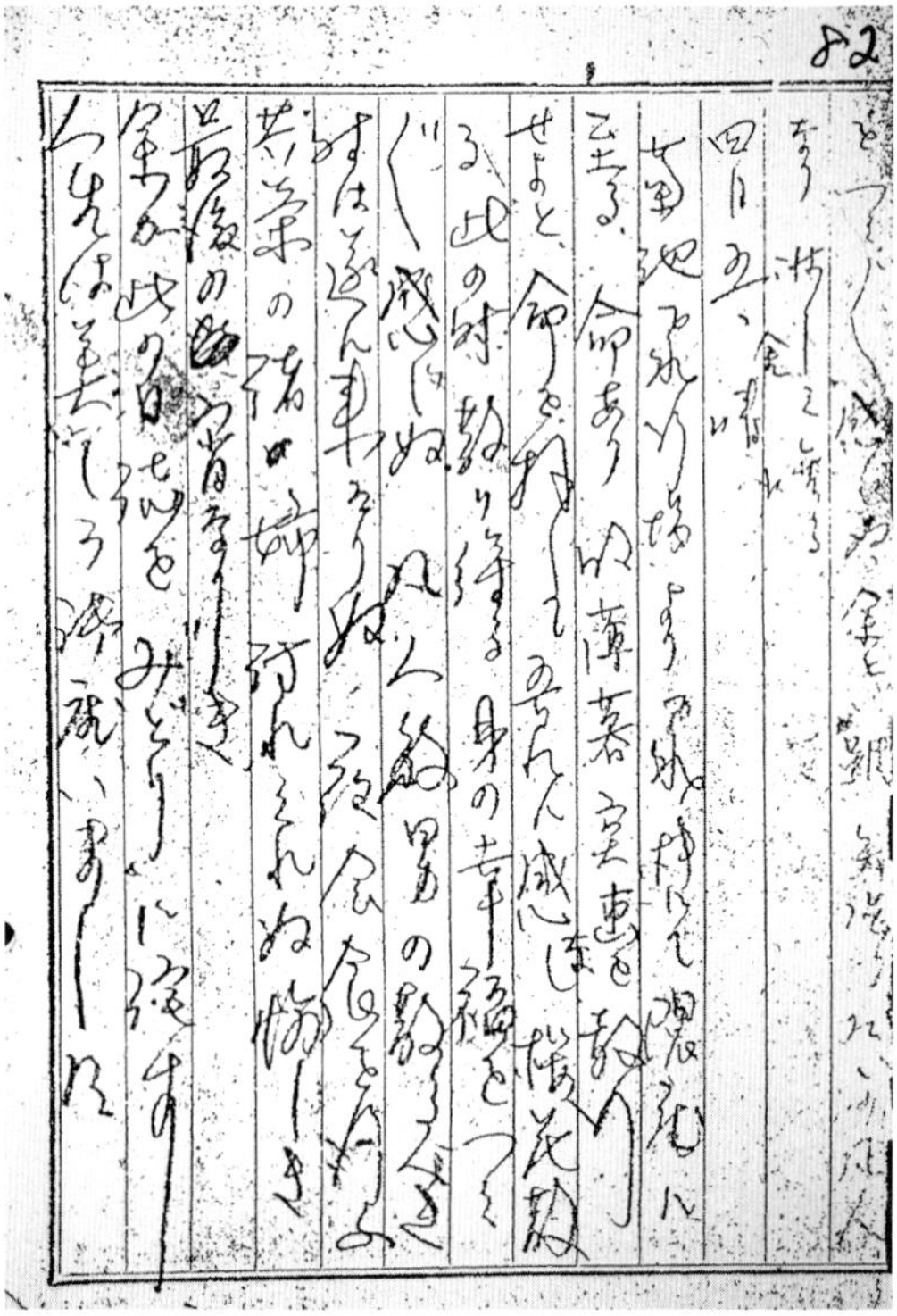

図27 ● 小林日誌
1945年4月5日、突入前日の部分。文字は乱れている。前橋飛行場での特攻訓練は3月6日から3月26日まで。

前橋飛行場への到着

日記を書いた小林敏男少尉は当時数え二五歳、茨城県出身で、一九四二年二月に現役入隊（近衛歩兵第一連隊）し、同年五月に前橋陸軍予備士官学校に入校している。一〇月に同校を卒業し、四三年四月に少尉に任官、同時に航空に転科し、福岡県の大刀洗陸軍飛行学校木脇隊に入る。その後、少年飛行兵、特幹（特別幹部候補生、下士官養成制度）の教官をしていた。

小林敏男少尉率いる「と」第37飛行隊一二名は、三月四日に前橋飛行場行きの命令を受け、五日に到着した。

○三月六日「午前、と号の飛機を掩体に運ぶ。力仕事にて久しく体を使はざりし身には相等の疲れを覚えたり（中略）午後同じ作業を続け」た。

○三月七日「午前飛機の偽装、午後艦船攻撃に就て学課せり（中略）正気隊々歌として大中氏に作曲を依頼せる」（「正気隊」は隊員が自称した隊名）

○三月八日「師団長の視察ありとて午前中掃除を行ひ（中略）一三〇〇来たり。会食時色々の話を承る。二句を経ずして吾等出陣すと聞けり。訓練を望むも難き事なるべし。吾等が飛機逐次集中す」

○三月九日「隊員一同飛行分散を終日行へりと。中村地上滑走にてペラを破損せりと聞く。精神の弛緩にあらずやと若干心配せり。赤峰外泊より帰る。吾等が飛機その大部は集結を完了す。出撃の日最早遠からず。只々うらむべきは吾れに夜間飛行の経験無き事なり」

○三月一〇日「午前より行動を開始し終日物資の集中に奔走せり。（中略）隊員一同飛機の分散偽装。三十八飛行隊等到着す」

○三月一一日「午前午後を通じ燃料の分散に奔走す（中略）十一の部下を持ちて隊長たる余の悩み多々あり。而も行かば断じて帰らざる十二の命なれば（中略）八名の下士官の中、未だに心定かならざる者あり。これを喜こびて死地におもむかしむるもの、一にかゝって余の責任にあるを思へば、その任愈々重大なるを知る。（中略）一機一艦、三千の敵と心中する事のみを思ふべし。空母、戦艦をほるらむとは思ふな吾等が目標は輸送船にあり（陸軍は輸送船攻撃、海軍は機動部隊攻撃を目標とした）」

○三月一二日「午前中燃料分散（中略）午後大中氏宛頼りを書き遺書をした ゝ む」

前橋飛行場での最初の一週間は、飛行機の偽装、燃料の分散、物資の調達に明け暮れていた。「訓練を望むも難き事」「うらむべきは吾れに夜間飛行の経験無き事なり」と、訓練が十分におこなわれないこと、また隊員の操縦経験が少ないことがわかる。この間に、第36・38飛行隊の各機もぞくぞく前橋に飛来した。

そして、三月八日に師団長から出撃が二〇日以内であることが告げられた。隊長の小林は「行かば断じて帰らざる」任務に「十一の部下を持ちて隊長たる余の悩み多々あり」としている。「未だに心定かならざる者あり」と隊員の心に動揺があったからだ。

そうしたなかで自分たちの隊を「正気隊」と自称し、「正気隊々歌として大中氏に作曲を依頼せる」と隊歌をつくることにしたのは、隊員の気持ちを一つにする行動であったといえる。作曲を依頼した大中氏とは大中寅二のことで、島崎藤村作詞の『椰子の実』の作曲者として有名な、当時四八歳の国民的作曲家である。

不十分な飛行演習

飛行演習は三月一三日からはじまり、二五日までの一二日間おこなわれた。

料金受取人払郵便

本郷支店承認

307

差出有効期限
2010年3月
31日まで

郵便はがき

113-8790

377

東京都文京区本郷
2-5-12

〔受取人〕

新泉社

読者カード係　行

◆本書の発行を何でお知りになりましたか？
1. 新聞広告　2. 雑誌広告　3. 知人などの紹介
4. 小社の図書目録　5. 書評　6. 店頭で

◆本書に対するご批評・小社への企画のご希望など…

このカードをお送りくださったことは　ある　なし

★小社の図書目録を差上げますか　いる　いらない

※ご記入いただいた個人情報につきましては、弊社からお客様へのご案内以外には使用致しません。

本書名

購入書店名　　市区町村

ご購読の新聞雑誌名
新聞　　雑誌

あなたのご専門
または興味をお持ちの事柄

ご職業
または在校名　　年令　　才

〔郵便番号〕

ご住所

ご氏名《ふりがな》

●このはがきをご利用になれば、より早く、より確実にご入手できると存じます。

購入申込書

お買いつけの小売書店名と　ご自宅の電話番号を必ずご記入下さい。

ご自宅〔TEL〕

〔書名〕　　〔部数〕　部

ご指定書店名	取次	この欄は書店又は当社で記入します。
住　所〔区・市・町・村名〕		

この申込書は書店経由用です。ご自宅への直送は前金で送料一回分290円です。

○三月一三日「飛行演習開始。幾日振かにて高練（練習機）に乗り空中操作を行ふ（中略）午後外出を許可さる。思出の地予備士校に行く」
○三月一四日「下龍閣下（宇都宮航空廠長の下田龍榮門陸軍少将）午後初度巡視あるとて朝来大掃除を行ふ。○八三〇—一〇、〇〇平面的照準演習についての学課あり。後飛行演習。午後清里村（飛行場の北に位置する村）村長竝松島農会長来隊さる。同時に下龍閣下着隊され忙がしさ一しきりなり。後飛行演習。平面的照準操作仲々以てむづかしきものなり」
○三月一五日「午前演習を行はむとせしめ小雨降りて視度悪く行ふを得ざりき。演習、平面的照準演習、午後五回行ふ。概ね手に入りたる感せらる」
○三月一六日「吾等午前中試飛を命ぜられしも進チョクせず四機にて止む」
○三月一八日「思ふだに愉しき一日なりき。五時起床飛行演習、超低空を行ふ。後大中寅二先生を高崎に迎へに行き飛行場に至りて吾等正気隊々歌を練習す」

陸軍が予定した特攻要員の「学術科教育課程表」によると、教育期間は約一カ月とし、操縦・教練一〇日、射撃四日、爆撃一〇日、航法二日の配当が計画され、重装備状態での滑走路での離発着、空中での編隊飛行、急降下と超低空爆撃の修得をめざした。しかし、極力燃料を節約するため、各人一日の実搭乗時間は四〇分を基準とされた。

実際にも、飛行演習、試験飛行については、「試飛を命ぜられしも進チョクせず四機にて止む」と、不十分だったことがわかる。

別れと揺れる心

○三月一六日「大中氏より電報ありぬ。午後隊長より家に帰れと命ぜられ振武隊（第六航空軍の特攻隊の名称）の軍偵（偵察機）にて壬生（栃木県南部の陸軍飛行場）へ行き石橋より汽車にて帰る。二四〇〇家に入る。母喜びぬ」

小林は一六日深夜に実家に帰り、翌日、隊に戻った。これが母親との永遠の別れとなった。

○三月一八日「午後一同を打ちつれて伊香保に至る、この地に於ける一時こそ、吾等が胸喜こびに満ちたる愉しき時なりき、あどき無き子等の吾等をしたひて集い来たる姿、涙流るゝ程うれしかりき」

○三月一九日「朝、子等に送られて伊香保を去る。帰隊後間無く、と二号発せられ飛機の演習を行ふは難かりき。大中氏を高崎に送る。午後明日の準備にて大童なり」

一八日から一泊、前橋近郊の伊香保温泉で、今生別離の宴が開かれた。同じ旅館には、東京都王子第三国民学校の児童が疎開しており、児童が隊員の部屋を訪れ歌を歌うなど慰問をしている。伊香保での疎開学童との交流は彼の心に残る最後の愉しい思い出となったようである。

この模様が彼らが戦死した後、六月三日付「上毛新聞」で報じられることになる（図28）。隊員は羽を伸ばし、「みんな若い人ばかりで『ないぞ』と空の徳利を振られるお酒の好きな人もあるので旅館の方でも出来るだけ出されました、酔はれたのでしせうか、赤峰さんといふ若い伍長さんが突然たちあがつて『やるぞッ』と大きな声をだされました、みなさんが『よし』とか『やるぞッ』とか口々に続けていはれました」という。

後年、一九九五年八月、疎開児童の世話をしていた寮母さんたちが伊香保温泉を訪ねて語った回想では、若い隊員は「死にたくないよ、死にたくないよ」と言って泣きはじめたという（東京新聞一九九五年八月八日付）。

〇三月二〇日「晴の門出出陣式の日なり。この日を迎へても而も出て立たむとする心境何等変る所無し。特攻隊として突撃を敢行するは他人の如き感せらる。一四〇〇師団長来たり。一六〇〇より神儀、出陣式を行ふ。引続き会食ありたるも態度不可なりとの理由に依りて師団長中途にて座を立ち冷き空気漲りたり」

想ひみる「特攻」の心境
いま、君と共に征く
いで湯伊香保の一夜
宴會は歌と哄笑に終始
口々に「よし」「やるぞッ」

図 28 ● 1945 年 6 月 3 日付上毛新聞
同年 3 月 18 日の伊香保における今生別離の宴を伝えている。疎開児童と記念写真に写る特攻隊員。

○三月二一日「昨夜の不愉快なる気未だ去らず。朝、師団長飛行場を去るに際し訓辞ありぬ。隊員に飛機を配当し試運転、試験飛行を行はしむ」

○三月二二日「午前隊員には飛機の整備を行はしめ、飛行訓練を行ふ。課目、超低空竝照準練習、相等手に入りたる感あり。一七〇〇より隊員一同と共に前橋に出て魚藤にて会食を行ふ」

○三月二三日「特攻隊特攻隊と云ひておごるは不可なりと三井大尉殿より注意を受く。反発せむとする心若干ありとは雖、強く胸さゝれるものありき。果して大任を果し得べしや如何解らぬ身にして二言目には特攻隊の名を出し生き乍ら神様扱ひを受け省みて心に恥つべき点無しや。迫力に足らず闘志に欠けたりと云はれ而も反発し得る力ありや。師団長の一件と云ひ本日出発時の態と云ひ深く反省すべき点多々あるを認む」

ようやく「超低空竝照準練習、相等手に入りたる感あり」と、体当たり攻撃をするための超低空飛行や照準作業が身についてきた。

そして二〇日、師団長もやって来て神前で出陣式がおこなれた。しかし、その後の会食で、隊員の態度がよくないということで師団長が席を立つという事件が起こった。その詳細はわからないが、「特攻隊特攻隊と云ひておごるは不可なりと三井大尉殿より注意を受く」というように、おごった態度があったのであろう。

しかし、周囲から「二言目には特攻隊の名を出し生き乍ら神様扱ひを受け」、一方で「迫力に足らず闘志に欠けたり」とも言われ、十分な訓練もできず「果して大任を果し得べしや如何解らぬ」状態で、しかも出撃すなわち死という現実を彼らは突きつけられていた。彼らは沖縄戦前夜の日本軍の無謀な作戦の矛盾を一身に背負っていたといえる。

3　出撃

九州への前進

いよいよ前橋飛行場を出発するときが来た。

〇三月二四日「先発の住田隊（第36飛行隊）、小野隊（第38飛行隊）出発す。午後整備試験飛行整々と行ひ得たり（中略）余が修武の地を空から訪れ得たること喜こびの限りなり」

「修武の地」とは、前橋陸軍予備士官学校のことである。彼は母校の上空に飛来し、二回三回と旋回した後、高度五〇メートルまで降下し「俺に続け」としたためた通信筒を落としている。

〇三月二五日「午前試飛、羅針盤修正を行ふ。（中略）愈々出発を明日に備へて準備に多忙を極む」

こうして小林隊は三月二六日、「思へば愉しき二十日間なりき」の言葉を残して前橋飛行場を離陸した。九州までの行程は図29のとおりである。

沖縄への出撃の発進飛行場としては宮崎県の新田原《にゅうたばる》飛行場が選定されたが、米軍艦載機の襲来を受けていたため、福岡県の大刀洗飛行場に向かうよう指示された。浜松で給油、鈴鹿を越えて午後三時、兵庫県の加古川飛行場に全機無事着陸した。

翌二七日、大刀洗に向かおうとするが、大刀洗の空襲と機体の不良のため延期、翌々日に大刀洗飛行場に着いた。

○三月二八日「命あり南九州より攻撃を敢行すべしと、遂に時は至りぬ。嗚呼吾れが独り願へる如く吾が死場所は九州沖と定まりぬ」

○三月二九日「命あり直に熊本に転進せよと、午前中もさもさして午後名残惜しき大刀洗を去る。熊本に着きしに直に隈庄《くましょう》に至るべしと、隈庄に展開完了」

岡部日誌によると、小林隊よりも二日早く前橋飛行場を発った第36飛行隊は、途中飛行機の故障が多発し、浜松・加古川を行きつ戻りつして二七日に博多飛行場に着陸した。これは飛行技術の未熟とともに飛行機の不良によるところが大きかった。そして二九日に隈庄飛行場に到着、ここで第37

図 29 ● 前橋飛行場を発った特攻隊の経路
1945 年 3 月 24 日から 4 月 6 日までの小林少尉機・岡部三郎伍長機の航進図。飛行機の故障や九州の飛行場の空襲で転々としている。

飛行隊と合流した。

これで出撃の態勢は整った。だが三月三一日、重大な事故が発生した。それは隈庄飛行場において、午後四時二〇分、中村一郎曹長と石川輝夫伍長の二人が僚機の地上滑走中にプロペラに接触して事故死したことである。

「小林日誌」にはつぎのように記された。

「多くは語らず悲しめど悲しみを悲しみとせず。而れ共重大なる事故を起し神鷲と定まれる二人を殺したる事、天上に対し深く深く御詫申上ぐ。〝吾等十二の若桜〟の二人を失ひ憂ひに苦しむ。九名の部下を励まして任務の必達に引張り行く事、余にかせられたる当面の重大なる任務なり。わけても柏木の悲しみに沈める様見るも惨なり。神は吾等に大いなる試練を与へたり。而るも神よ吾等を見捨て賜ふな」

毎日新聞の一九四五年四月二五日付紙面に、出撃する特攻隊員の写真が掲載されている（図30・31）。図30の右端の人物は、水畑正国軍曹（第38飛行隊）、一人おいて下手豊司曹長（第36飛行隊）、そして小川一郎曹長（第36飛行隊）と思われる。ほかの人物も誠隊員であろう。下手・小川曹長が抱いている白木の箱には、三月三一日に事故死した中村曹長の遺骨が入っている。

突撃命令

四月一日、米軍は沖縄本島西岸の読谷、嘉手納海岸に大部隊を上陸させた。これに対して日本軍は水際で大規模な反撃をせず、以後、沖縄住民を巻き込んだ凄惨な地上戦がくりひろげられることになる。

そして六日に予定された第一次航空総攻撃（菊水一号作戦）に呼応すべく、第八飛行師団は五日午後四時、沖縄西方海面の敵船団に対する明日六日の突撃を決定した。

「小林日誌」は、「菊池飛行場より飛機にて隈庄に至る。命あり明薄暮突撃を敢行せよと。命を拝して吾に感なし。桜花散る此の時散り得る身の幸福をつくづく感じぬ。凡人敏男の散るべき時は遂に来たりぬ。夜会食を行ふ。共栄の諸姉訪れくれぬ。愉しき最後の宵なりき。余が此の日誌を〝みどり〟に託す」と記している。そして最後はこう結ばれた。

「人生は美しう御座いました」

突撃命令が下された五日、最後の遺書をしたためた隊員は数多くいたことと思われる。小屋哲郎軍曹（第37飛行隊）の遺書が、現在、知覧特攻平和会館

図 30 ● 胸に戦友の遺骨を抱き出撃する隊員
写真左から2・3人目の小川・下手両曹長が抱いている白木の箱には、3月31日に事故死した中村曹長の遺骨が入っている。

に展示されている。

そして四月六日。「小林日誌」からはもはや特攻当日の行動はわからない。しかし「岡部日誌」によって、かろうじて早朝の行動がわかる。当日の天候は曇、隊員は五時三〇分に起床した。「愈々今日熊本を去る、無言のうちに司を去り、矢島様にも行かず、唯想いのみのこして。黒石より健軍に来る。健軍八時出発。琉球島に今宵行かんとす。この日誌はこれで終ります。母上様　皆様　お元気にて　神国を守ってください」と、最後は結ばれた。

こうして彼らは最後の出撃地、宮崎の新田原飛行場へ向かった。

ここで悲惨な出来事がまたも彼らの上に降り注いだ。それは、熊本健軍飛行場において、第38飛行隊の田窪力治曹長が試験飛行中に墜落、事故死してしまった。彼らの衝撃はいかばかりであったろうか。六日前の二人の殉職に続く、決行直前の死である。

なお、余談であるが、小林隊が隈庄に展開してい

図31 ●鯉のぼりを贈られる下手豊司曹長
下手曹長は4月6日の出撃には機の故障で発進できなかった。この写真は22日に知覧特攻基地で撮影されたものと思われる。

た三月二九日から四月五日までの期間、後年「世界のミフネ」とよばれた俳優の三船敏郎が隈庄飛行場にいた。当時、三船は二五歳、隈庄飛行場に偵察員として在隊し敗戦を迎えた。特攻機を涙ながらに送り出した思い出を戦後語っている。

最後の姿

こうして四月六日、陸軍の特攻八一機、海軍の特攻二一五機の攻撃がおこなわれた。沖縄北、中飛行場西側海面の敵艦を求めて、夕刻、新田原飛行場を発進した三隊の特攻隊は、沖縄に向けてどのようにして飛行したのか。第八飛行師団作成の戦訓（記録）からみてみよう。

「新田原飛行場より出発せし誠三六、三七、三八、飛行隊の一隊の機数は概ね八乃至九機にして出発に方り相当の混乱を生じたるのみならず空中集合にも又多くの時間を費やしたり」

発進にあたり、第36飛行隊の二機、第37飛行隊の一機、第38飛行隊の三機の計六機が離陸を断念した。その多くは飛行機の不良によるものであろう。結果として、二七機が沖縄に向けて発進していった。

「新田原飛行場を発進せし誠三六、三七、三八、飛行隊の航路は知覧、徳之島を通過することなく其の遙か西方洋上を沖縄に進攻」

この飛行が友軍機によって目撃されていた。戦後の回想であるが紹介しよう。

「沖永良部島特攻基地救援の為、百式輸送機で出動した私は、夕闇迫る午後七時三〇分頃、同島近海上空で（中略）特攻機七～八機の編隊を見ました。（中略）夕焼け雲の下を飛び行くその機影は、少々猫背にも見える九八式直協偵機であり、脚の出たその姿は、申し訳け無いがアヒルの行列の様に、哀れにも見えました」(『会報特攻』24号)。

なお、第38飛行隊の原田機は故障のため沖永良部島に不時着している。

この日の全攻撃によって、米軍艦船の被害は、空母一隻破損、駆逐艦三隻沈没、同一五隻破損などで、小艦艇に被害が多かった。突入に成功した特攻機は二四機、至近弾となった特攻機は五機と記録にあるが、実際は戦果を確認するどころか、敵機に撃墜されたのか、対空砲火に被弾して海面に墜落したのか、目標に突入できたのかほとんどわからない(図32)。

そのなかで唯一、最後の様子がわかったのは、第36飛行隊の岡部三郎伍長機であった。日没(その日の那覇の日没は午後六時五〇分ごろ)後、約一時間経ったころ、那覇沖合の「Caswell」号に特攻機がただ一機、突っ込んで来た。機は舷側に激突して

図32 ● 高射砲とロケット弾幕で対応する米艦船
特攻機は海面すれすれから突撃してきた。1945年4月6日、沖縄・慶良間でチャンデラー号より撮影。

こっぱみじんに飛散した。遺体はすぐ艦に引き上げられた。その額には鉢巻きがしっかりと巻き付けられていた。

この血染めの鉢巻きを米軍人が持ち帰り、戦後、遺族に返還された。その鉢巻きの寄せ書きから、岡部三郎伍長の身につけていたものであったことが判明したからである。鉢巻きは岡部が四月三日に筑後教育隊を訪問した際、教え子たちから贈られたものであった。

突撃した特攻隊員の名前と命中された艦名が判明しているのは希有なことである。突入時刻は、「Caswell」号が水平線上にシルエットとして浮かび上がる程度の明るさであったという。この鉢巻きは現在、知覧の特攻平和会館に展示されている（図33）。

こうして陸軍前橋飛行場で特攻訓練をおこなった三六名の隊員のうち、出撃前に三名が事故死し、四月六日の第一次航空総攻撃で二六名、一六日の第三次航空総攻撃で二名、そして二七日の知覧特攻基地からの出撃で一名の計二九名が戦死した。

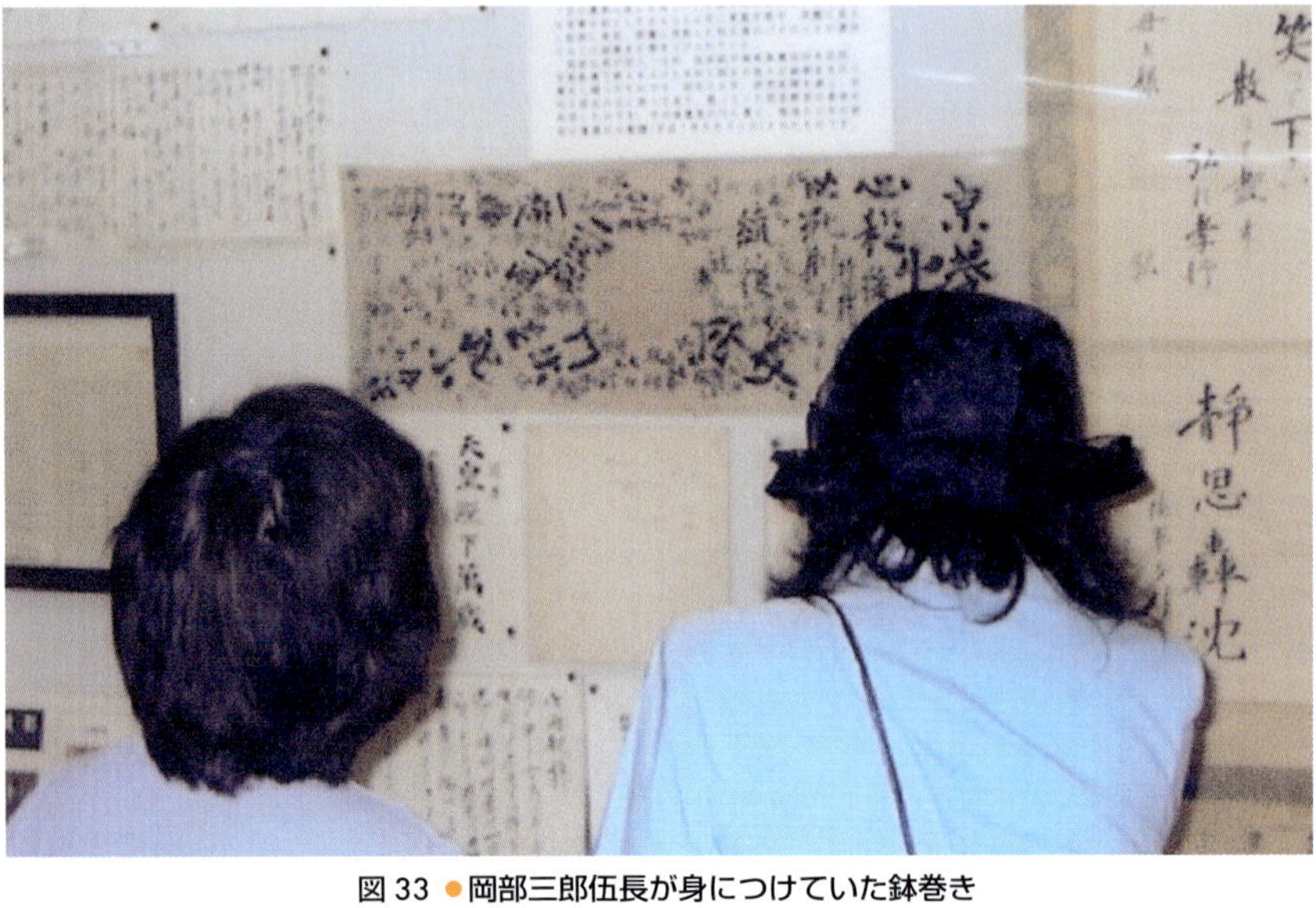

図33 ●岡部三郎伍長が身につけていた鉢巻き
突入後、米艦船に引き上げられた遺体の額にしっかりと巻き付けられていた。現在、知覧特攻平和会館に展示されている。

第4章　空襲、そして敗戦

1　機能を失う飛行場

舞台を前橋飛行場に戻そう。

沖縄で凄惨な地上戦がくりひろげられた前後、関東地方は米軍機による激しい空襲にさらされていた。

早くも二月には、日本列島近海に迫った米軍機動部隊の艦載機による攻撃が関東各地にあった。前橋周辺では、航空機を製造していた中島飛行機の拠点、現太田市の太田製作所や現大泉町の小泉製作所が数日にわたる空襲で、徹底的に破壊された。

そして三月一〇日には東京大空襲があった。当時、日本の対空防衛は貧弱で、それを突いての大編隊のＢ29による低空爆撃であった。木造家屋の密集した東京下町を、焼夷弾を大量に投下して焼き払うという一般市民に対する無差別爆撃で、死者は一〇万人ともいわれている。

つづけて三月一二日には名古屋へ、一三日には大阪へと、大都市への大規模な夜間焼夷弾爆撃がおこなわれていった。

六月以降、空襲は地方都市へと移り、B29や艦載機による日本本土空襲が漸次熾烈となり、飛行機の損耗が増加し、その生産はさらに低下した。このため日本軍は、米軍の日本本土上陸に備え、訓練を犠牲にしても現有機を絶対確保する選択をした。第3章でもふれた、偽装をほどこした掩体の分散設置である（図34・35）。

前橋飛行場でも、『堤ヶ岡村誌』に「観音寺の観音様の西部お経塚やその西北部の雑木林、その他処々に掩体壕を設け爆弾やガソリン缶が積まれた」「建物は分散して半地下式兵舎にする為、解体作業が行われ始め、グライダー庫の如きは、建築が終わらない中に解体される始末であった」と記されているように、飛行機の分散秘匿作業がおこなわれていった。

図34 ● 復元された掩体（東京都調布市・大沢1号）
コンクリート製で上に土をかぶせてカモフラージュした。内部の飛行機（復元絵）は陸軍・三式戦闘機「飛燕」。前橋飛行場の掩体は飛行機のまわりを土手状にして覆いをかけた簡易なものであったようだ。

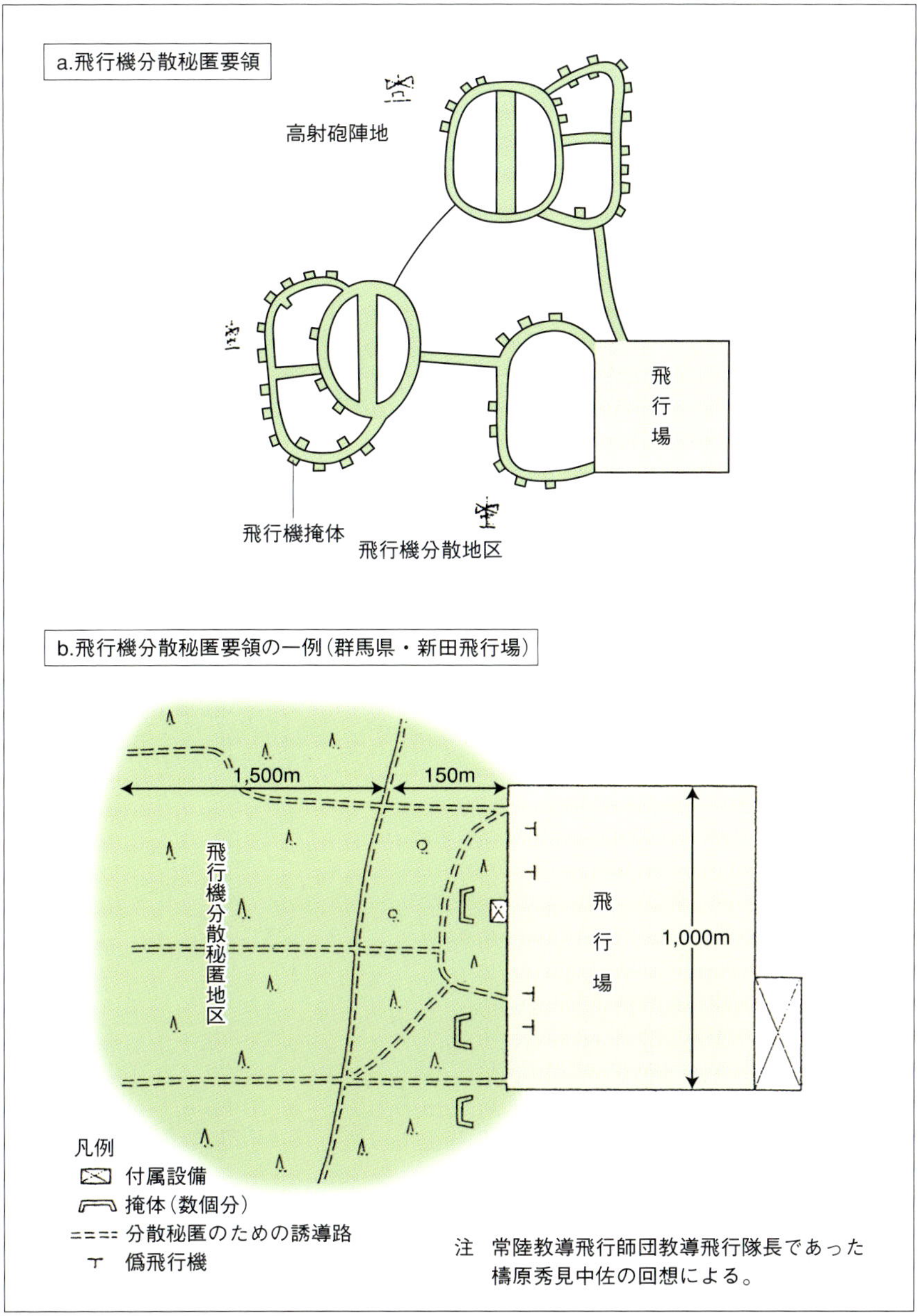

注　常陸教導飛行師団教導飛行隊長であった
橋原秀見中佐の回想による。

図 35 ● 飛行機分散秘匿要領の例
飛行場周辺の雑木林などへ誘導路を敷き分散して隠した。
上は「本土航空作戦記録」、下は「本土防空作戦」より。

だが、いったん分散秘匿した飛行機を滑走路まで運搬し発進させるには、敵の攻撃がないときでも最小限四時間は要し、敵が来襲すると予想される場合は夜間以外飛行機の運搬は不可能であり、出撃は夜明け前と限定されてしまった。

こうして陸軍前橋飛行場の機能はほとんど失われていったのである。

なお、四五年七月一〇日現在、前橋飛行場には、常陸教導飛行師団第二教導飛行隊の九七式戦闘機一五機、一式戦闘機九機、二式複座戦闘機三機、操縦者六七名が配置されていた。さらに陸軍航空輸送部第九飛行隊前橋派遣隊も駐屯していた。

2 対空機関銃砲座の発見

謎の土坑

この飛行場の防衛施設のひとつが発掘調査でみつかった。それは飛行場の敷地外の東側にある引間松葉遺跡で、ここから三八二基の土坑がみつかった。このうちの一基の土坑（312号）が対空機関銃座であった（図36）。そして、その可能性がある土坑（192号）もあった。これらは飛行場用地から約四〇〇メートル離れたところから検出されたものである（図37）。

もちろん、調査の最初からそれが対空機関銃座だとわかったわけではない。最初は何かおかしな土坑だな、との印象であった。それは長径一・七四メートル、短径一・六七メートルのほぼ円形で、深さは五七センチあったが、その中心部は掘り残されていたからである。遺物の出

図 36 ● **引間松葉遺跡検出の 312 号土坑**
径約 1.7m の円形で、中央に機関銃を据える土台が掘り残されている。土層を観察するための発掘途中の写真。

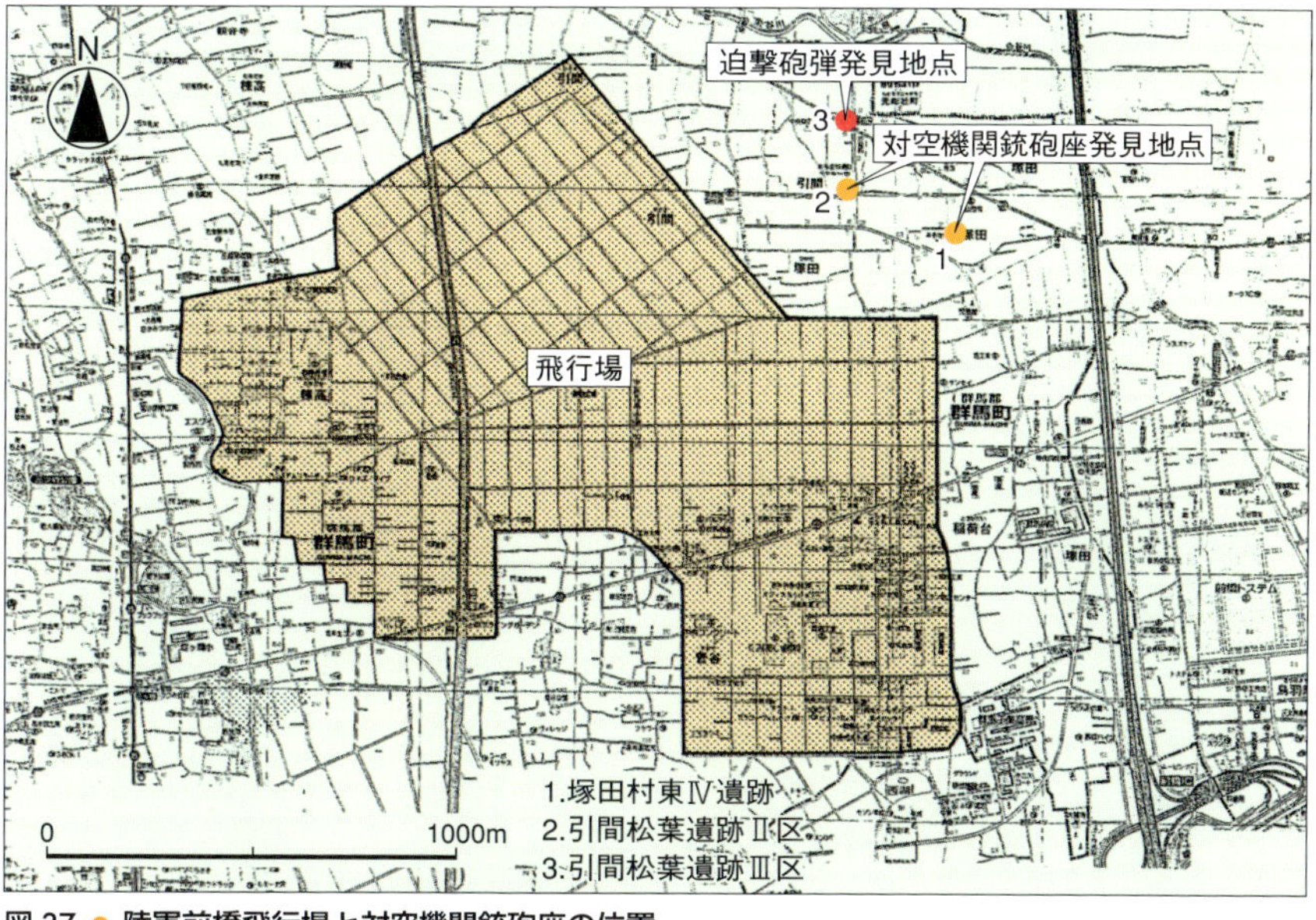

図 37 ● **陸軍前橋飛行場と対空機関銃砲座の位置**
いずれも西毛広域幹線道路建設にともなう発掘調査からみつかった。ほかに飛行場周辺に設置されていたかどうかは不明。

土はなかった。

用途が判明したのは、明治大学校地内遺跡調査団が発掘をおこなっていた東京都調布市の富士見町遺跡（調布飛行場に隣接）の調査からであった。

調布市郷土博物館学芸員の金井安子さんから陸軍調布飛行場に関連する遺構の情報を受けたのは二〇〇三年一〇月のことであった。さっそく調査現場を訪問して、遺構を見学させてもらった。そこには引間松葉遺跡の土坑とは規模こそちがうものの、同じような形状の遺構がみつかっていた。

ひとつの土坑の規模は径約三メートル、深さ約八〇センチで、円形に溝をめぐらして中央に台をつくり出し、この平坦面中央にピットが掘られていた（図38）。

陸軍の重機関銃をとり付けた対空機関銃座である、との説明を受けた。掘り残した中央に機関銃を据えて、そのまわりを兵士が動けるようにしたものである。

図38 ● 東京都調布市の富士見町遺跡第1地点でみつかった土坑
径約3m。中央に機関銃を据えて、そのまわりを兵士が動けるようにしてある。規模から判断すると高射機関砲座の可能性がある。

飛行場防衛隊の遺留品

この見学によって、引間松葉遺跡の土坑も対空機関銃座であることがわかった。

すると、この土坑の南側に接してみつかっていた計七基の土坑の用途も判明してきた。これらはいずれも不整形（オタマジャクシの形）や長方形をしていて、長さ約一・二〜一・六メートル、底面には焼土・灰・炭化物が堆積し、壁面も焼けていた。また燃し木の残りかすもあった（図39）。

このひとつの土坑（309号）の覆土からは、戦時中のガラス製品、「忠勇」の陽刻がある石けりが出土した（図40）。これらのことから、対空機関銃を操作する兵士が飯盒《はんごう》で炊飯をした場所と判断するに至ったのである。

さらに、これらの土坑の北からも関連する遺構と思われるものがみつかった。その土坑（192号）は長径二・五七メートル、短径二・二五メートル、深さ一・五メートルで、これも対空機関砲

図39 ● 飯盒で炊飯をした跡の土坑
対空機関銃座の周囲から7基発掘された。円形の箇所で飯盒を炊き、右の不整形のところから燃し木を挿入した。

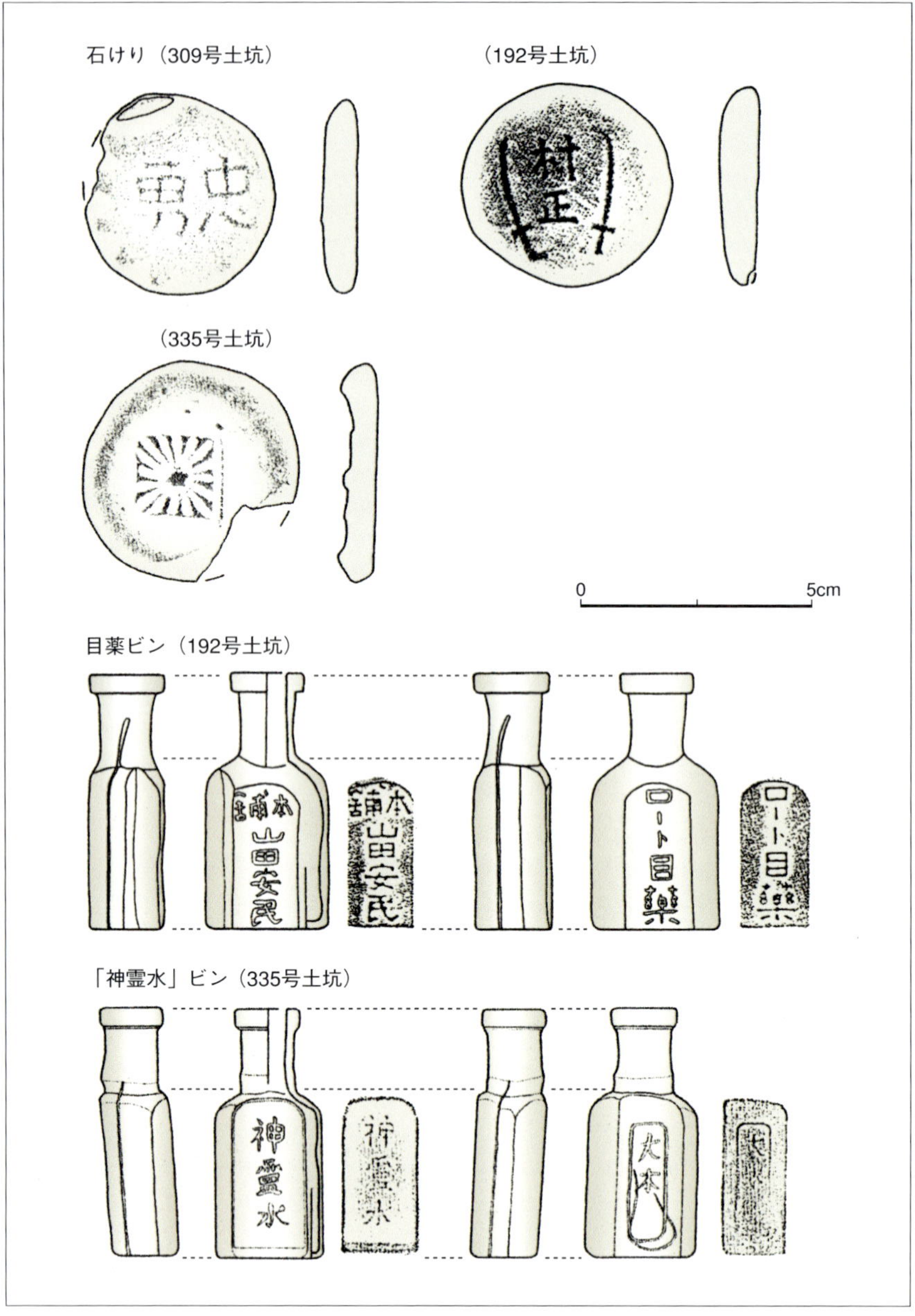

図 40 ● 引間松葉遺跡の土坑覆土から出土した遺物
上の 3 点がガラス製品の石けり。下の 2 点は目薬のガラスビン。「ロート目薬」と「神霊水」と書かれた陽刻がある。

座になる可能性がある（図41）。その東西に延びる溝は兵士の通路となる。

覆土からは目薬のガラスビンと「村正」と刀を陽刻したガラス製品の石けりが出土している（図40）。そしてこれに隣接する土坑（335号）も戦時中の構築と思われる。覆土からは「神霊水」と書かれた陽刻のある目薬ビンと「旭日旗」の陽刻のあるガラス製品の石けりが出土した（図40）。

以上、これらの遺構の数々は、一九四四年一一月、軍命令によって飛行場の警備に任じた堤ヶ岡村の在郷軍人を主体とする防衛隊（約六〇〜八〇名）のものであろう。

装備していた銃砲は

引間松葉遺跡のさらに東、飛行場用地からは約六五〇メートル離れたところに位置している塚田村東Ⅳ遺跡からも、同様の土坑がみつかった。

発掘当初は、土坑の覆土上層から比較的新しい

図41 ● 対空機関砲座の可能性がある土坑
写真奥の円形の土坑が対空機関砲座の跡。
細長い溝は兵士の通路の壕と思われる。

ものと思われる金属製の薬容器が出土したこともあり、いったんはゴミ穴と判断された。しかしその容器を仔細に観察したところ、旧漢字で文字が右から左に書かれていたことから、さらに慎重に調査を進めることにした。

近隣の住民からは、かつて約二〇メートル北に東西に飛行機の誘導路が延びており、それをはさんで千鳥足状に飛行機の掩体が存在し、付近に高射機関銃座があった、との証言が得られたこともあり、この土坑は対空機関銃座の可能性が高まった。

土坑の大きさは径約二メートルで、深さ七〇〜八〇センチ。そして底面の中央部に径八〇センチ、深さ一メートルのピットがあった（図42）。また北と南と東南東に張り出しをもち、北西の溝は調査区域外にまで延びている。遺物は流れ込みなどによる土師器片や須恵器片などのほかは、先に紹介した金属製の薬容器で、これは埋め戻しのとき

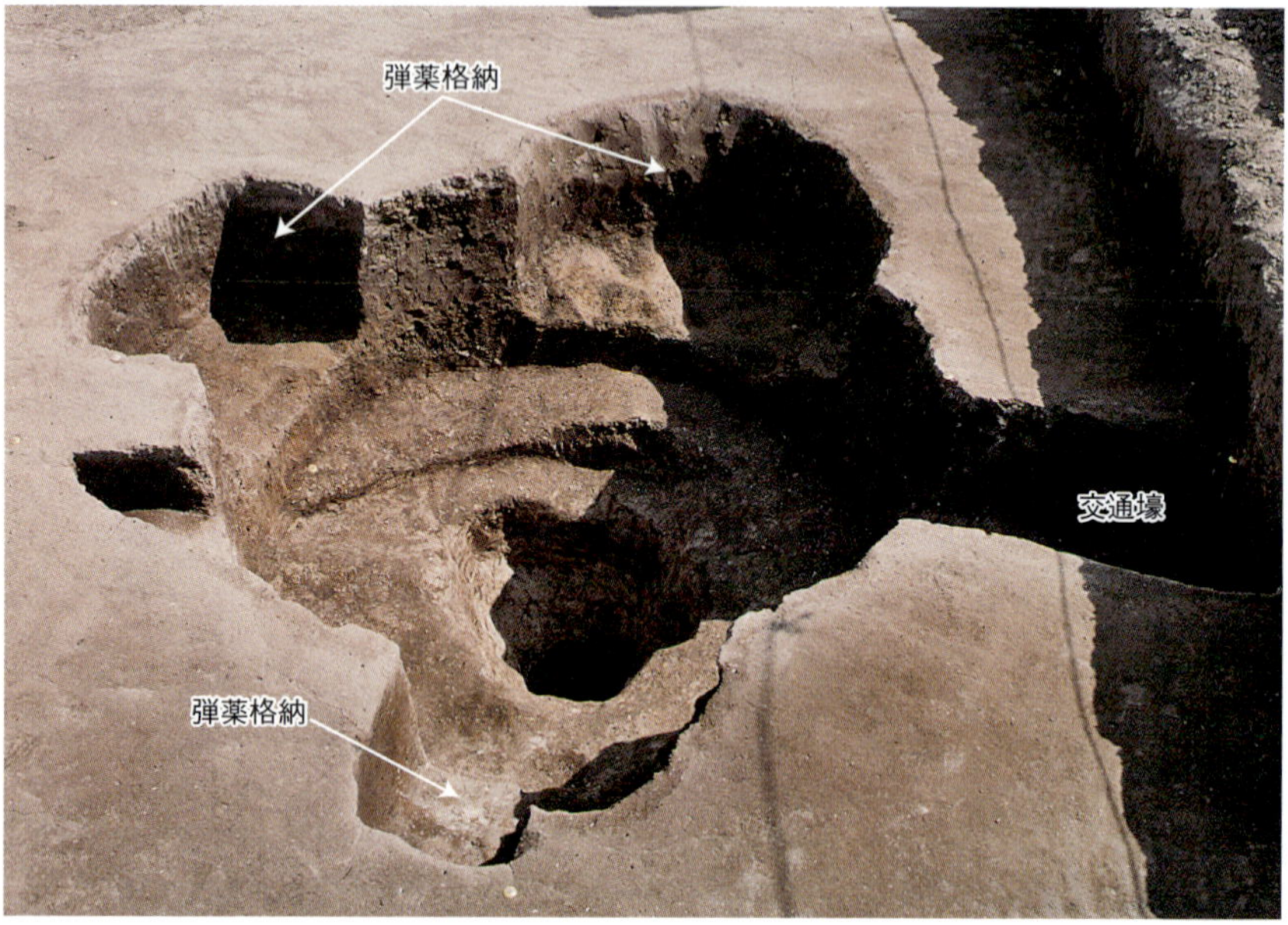

図 42 ● 重機関銃を据えた銃座
径約 2m。土坑底面の穴に丸太を据えその上に九二式重機関銃を設置。
3 カ所の張り出しは弾薬格納に使用。写真右に写る溝は兵士の交通壕。

に廃棄されたものと思われる。

さらに機関銃座の構造についての証言も得られた。それは中心に丸太を置いて、その上に機関銃を設置、機関銃はとり外し可能で旋回できるようになっていたというものである。

どんな機関銃を備えていたのだろうか。そこで防衛研究所図書館での調査となった。同図書館の専門官に土坑の図面をみてもらい、飛行場と土坑の位置関係、その他の状況を説明し、教示を受けた。「機関砲ならば九八式高射機関砲」「機関銃なら九二式重機関銃」の公算が大きい、とのことであった。

ただし九八式高射機関砲は全長二・四五メートルもある。対して土坑は径二メートルしかない。この場合、土坑の外に銃口がはみ出してしまい、操作に支障がきたしてしまう。最低でも全長程度の直径が必要であるという。

九二式重機関銃ならば全長は一一五センチほどであり、土坑のなかにおさまる。銃座の深さは盛り土を除くと七〇～八〇センチを必要とすることから、当土坑の深さと一致する。また、三カ所の付随する張り出し（長さ七〇～一二〇センチ、幅三〇～七〇センチ）は弾薬格納に使用された可能性があり、そして土坑の北西に延びる溝は兵士の交通壕と思われた。

これらのことから、引間松葉遺跡（312号）と塚田村東Ⅳ遺跡検出の土坑は、その規模から九二式重機関銃を据えた銃座であることがわかり、引間松葉遺跡（192号）と調布市富士見町遺跡の事例は高射機関砲座であったと推定できた。

不発弾の発見

なお、引間松葉遺跡を発掘しているときに不発弾を発見した（Ⅲ区調査区、飛行場用地の北東約五〇〇メートル）。

発掘区の松杭を抜こうとしたときに、地表下約一五センチのところでスコップに当たったものである。砲弾の長さ三〇センチ、直径九センチ、重量約三〇〇〇グラムで、信管もついていた（図43）。

担当者が直ちに警察に連絡、県警察本部生活安全部銃器薬物対策課、高崎署員が到着して現場を封鎖し調べたところ、すぐには爆発の危険性はないということであった。砲弾は高崎署で保管し、自衛隊の定期回収の際、引きとってもらうことになった。

その後、筆者がこの砲弾を調べたところ、旧陸軍の「九四式・九七式軽迫撃砲」の砲弾であることが判明した。その威力半径は約三〇メートルである。この威力半径とは人員を殺傷するのに十分な破片（一平方メートルに一個の密度）を保持する距離を

図43 ● 引間松葉遺跡Ⅲ区から検出された不発弾
信管のついた旧陸軍の軽迫撃砲用砲弾。

いう。したがって威力半径外においては命中密度一平方メートル一個より小さくなるものの、依然破片は有効で危険半径はさらに増大するというたいへん危険な代物であった。

戦争遺跡の調査では、このような事例は今後も増えるものと思われる。そのとり扱いには慎重を期したい。

3　艦載機の来襲

さて、四五年七月に入ると、日本本土来襲の米軍機は格段と増加し、連日数百機にのぼった。昼間は主として中・小型機による機銃掃射とロケット弾、爆弾の投下で、夜間は主としてB29による爆撃であった。

そして七月一〇日午前五時一七分、多数の米軍艦載機が関東地区に来襲し、主として飛行場攻撃をおこなった。早朝から午後五時一〇分に至るまで六波にわたって来襲した敵艦載機は、日本軍の発表によると一二二四機にも達する。

この空襲をおこなったのは、米軍第38機動部隊。一〇五隻を数えた大艦隊であった。その任務は、日本の残存艦艇と航空兵力を撃滅し、日本軍施設や基地の破壊によって、日本本土侵攻作戦を容易にすることであった。

前橋飛行場に来襲したのは、第38・1任務群（空母三、軽空母二、戦艦三、軽巡七、駆逐艦二〇で構成）に所属した空母ハンコック発進の戦闘機と戦闘爆撃機主体の掃討隊（ベイカー、ドッグ、イージィの三隊）であった。

ここでは、いままであまり研究されることのなかった「米国戦略爆撃調査団資料」の「太平洋戦争米国海軍・海兵隊艦載機戦闘報告書」（国立国会図書館憲政資料室所蔵）などを用いて、空襲の実相に迫ってみようと思う。

攻撃側からみた空襲

七月一〇日午前四時三〇分、空母ハンコックを発進したベイカー掃討隊は、グラマン・ヘルキャット八機とヴォート・コルセア一二機で編成され、館林、小泉、前橋の各飛行場を攻撃し

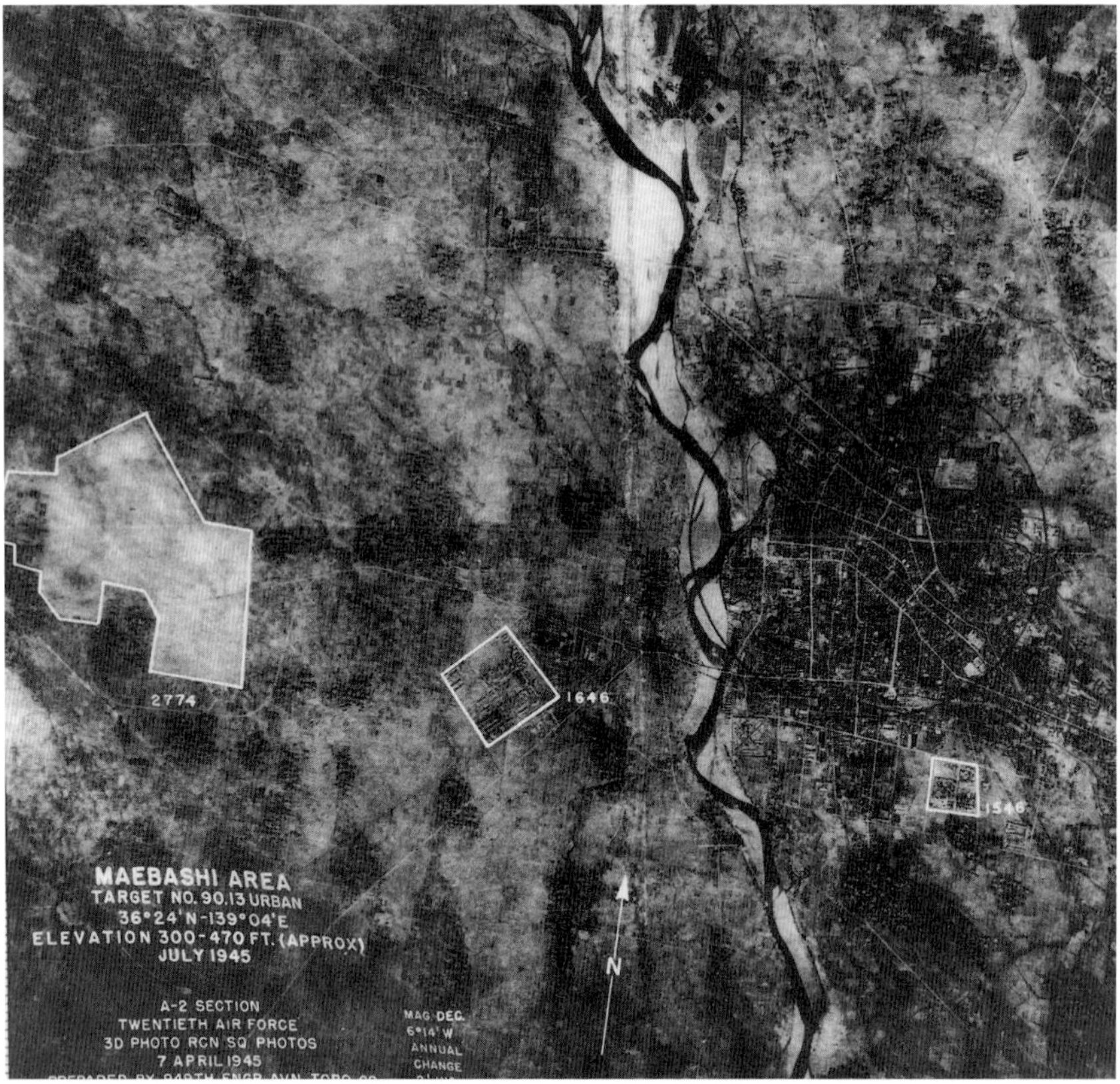

図 44 ● 1945 年 4 月 7 日の米軍 B29 により撮影された航空写真
写真中央左端が陸軍前橋飛行場。米軍の空襲目標とされていた。上下に流れるのが利根川、中央右手が前橋市街地。

た。飛行途中、目撃もしくは交戦した日本軍機はなかった。

各攻撃目標については、事前の偵察写真によって、掩体なども詳細に明らかにされていた（図44・45）。

彼らの最初の攻撃は小泉飛行場であった。その後、第二次攻撃で前橋飛行場に向かった。ヘルキャットは高度三〇四八メートルから攻撃を開始し、約六一〇メートルで四発のロケット弾を発射、約一五二～三〇五メートルの間で猛爆撃をおこなった。いくつかのロケット弾が格納庫に命中したが、大部分は駐機していた練習機に命中した。さらに南西側掩体内に隠されていた練習機に一六発のロケット弾を発射、二機の単発機にロケット弾が命中、機銃掃射で明確な損害を与えた。

図45 ●陸軍新田飛行場（群馬県）の掩体内飛行機に対する攻撃
写真中央、曲がった誘導路に設置された掩体内から黒煙がたちのぼっている。1945年8月13日に米軍撮影。

コルセアの一二機は、前橋飛行場の駐機飛行機に対してロケット弾三〇発を発射（図46）、猛爆撃をおこない二機を破壊した。

午前九時に発進したドッグ掃討隊からは、ヘルキャット六機が前橋飛行場を攻撃した。攻撃は高度四五七二メートルからおこなわれた。飛行場の西にある格納庫に向けて北西から急降下し、一五二四メートルで破砕爆弾を投下、約一二一九メートルでロケット弾を発射、約四五七～六〇九メートルで機銃掃射をおこなった。一一発の破砕爆弾は、駐機していた飛行機の上または付近に投下され、それらすべてに損害を与えた。

降下中、飛行場北側にほんのわずかな銃撃を確認したが、たいしたものではなく、飛行機にも命中しなかった。これはさきにみた対空機関銃座から発射されたものと思われる。

一機が降下中にロケット弾を発射できなかったので、そのまま飛行場の南約八キロにある建物に向けて発射した。

さらに約二七四三メートルに上昇して、今度は飛行場北西方向にある二機の単発機を攻撃した。約九一四メートルで機銃掃射を開始し、約二七四メートルまで高度を下げて攻撃を続けた。機銃掃射によるたびたびの攻撃で大いに損害を与え、南にある格納庫は炎上した。

また午前一〇時一五分に発進したイージィ掃討隊は、前橋飛行場上空を旋回したが、価値ある攻撃目標を発見しなかったので埼玉の児玉飛行場へ向かい、さらに太田へ進んだ。その後、ふたたび前橋に戻り、飛行機を発見し、ロケット弾二七発の発射と機銃掃射がおこなわれ、六機もしくは七機に損害を与えた、と報告している。なお、破壊した一機は一式戦闘機「隼」

（図47）であった。

以上が、米軍艦載機戦闘報告書からみた前橋飛行場への空襲である。投下爆弾総数は、二六〇ポンド破砕爆弾一一発とロケット弾九七発、そして機銃掃射で、日本軍単発機九機（「隼」一機を含む）を破壊し、一四機に損害を与え、格納庫を炎上させた。そして攻撃に参加した全機が帰還を果たしている。ただし、艦載機戦闘報告書は全体的に誇大な報告が多い、とも指摘されている。

地上の惨劇

日本側の被害状況については、正式な記録が残されていないために、残念ながら比較検討することはできない。戦後、一九六四年に前橋市戦災復興誌編集委員会が発行した『戦災と復興』に記された四発一機双発一機の炎上の事実はない。

当時の新聞はこの空襲をどのように伝えたのであろうか。空襲のあった翌々日、七月一二日の「上毛

図46 ● 米軍機コルセアから発射されたロケット弾
1945年4月、沖縄戦での撮影。このような攻撃は日本本土でもたびたびくり返された。

新聞」は、「艦載機下怒り満つ必勝縣民」として「延べ約七十機が重要施設に執拗な波状攻撃を繰り返へし、更に前橋、高崎などの市街地にも謀略の爆弾投下と機銃掃射を敢てした、（中略）わが防空隊の敢闘にはゞまれ重要施設は言ふまでもなく市街地の被害も極めて軽微であつた、この日百五十万縣民の血を逆流させたのは前橋市の国民学校に機銃掃射を加え、更に多野郡下を進行中の八高線旅客車、田植中の農民あるひは勤労奉仕中の某中学生らにいづれも機銃掃射を加えた暴挙の数々である」と伝えている。

しかし、新聞の伝える防空隊の敢闘に米軍機が阻まれることはなかった。迎撃に飛び立った日本軍機は皆無であり、また小泉で強烈な対空砲火に遭遇はしたものの、他は貧弱であった。

このときの空襲は飛行場周辺に秘匿された掩体内の飛行機が目標とされたことにより、市街地は被害軽微であったが、掩体周辺の民家にロケット弾や機

図 47 ●陸軍・一式戦闘機「隼」の生産（場所不明）
中島飛行機が製造したアジア太平洋戦争前半期における陸軍の主力戦闘機のひとつ。戦争末期には性能的に古い機種となっていた。

銃掃射の雨が降りそそいだ。また児玉飛行場を攻撃後、二機の雷撃機があまった爆弾を前橋の街に捨てた結果、中央前橋駅付近に着弾、死者が出ている。

前橋飛行場に対する攻撃をつぶさに実見した住谷修さんの日記によると、次のように記載されている。

「十時四十七分村の北方を前橋北郊より飛来したグラマン戦斗機六機が二千五百米位の低空で西進し来り村ヤクシ堂北側より西国分のスグ北を通り新田国分上空より金古の近くに進んだ時、南方に東から西進する我一機あり之を認めた敵六機はクルリと反転南へ向ひ急降下にうつると見る一瞬六機一斉にドドドドと機銃を掃射、我機は黒煙に包まれて撃墜された。此の六機の内の二機は再度超低空で十時五十三分飛行場内の中島工場を銃撃引間の上空を低空飛行し一旦京へ去ったが十一時五十八分又東方より飛来飛行場を中心に旋回する内十二時二十四分八機が入乱れて一斉に堤ヶ岡国民学校の屋根を銃撃した。（中略）小学校前の二軒が焼夷弾により焼失北側志村友次郎氏方天井に中型爆弾一個がブラブラ下り（中略）此六機は東進して理研工場を銃撃工員三人死亡、田植中ノ江田村の娘が銃撃で死に付近で田植え中の住谷弁四郎氏家族と手伝い中の人々も射撃を受けた。此の日前橋の中央駅、前橋渋川間の電車もグラマンの掃射を受け県内の交通機関も大巾に乱れた。」

『堤ヶ岡村誌』には、神崎組の給仕をしていた少年一名と、飛行場第三格納庫西側で爆弾の破片を頭部に受けて一名、棟高では爆弾の破片で一名が死亡したと記されている。

また、飛行場の南に位置する高崎市では、北通町の本元寺や田町、羅漢町《らかんちょう》などが機銃掃射やロケット弾の攻撃を受け、少年を含む男性二名、女性五名の計七名が亡くなり、多くの人が負傷していた。前橋飛行場を攻撃したドッグ掃討隊の一機が「飛行場の南約八キロにある建物に向けて発射した」ロケット弾も、この被害をもたらしたものである。

4 前橋市街地への空襲

さらに敗戦の一〇日前、八月五日夜から六日未明にかけて、今度は前橋市街地がB29の空襲を受けた。これは六月以降開始された地方都市への一連の夜間焼夷弾攻撃で、この日は前橋・佐賀・西宮―御影・今治の四都市に対して実行された。

この空襲でも米軍は、事前に偵察機を前橋上空に送って写真撮影し、攻撃目標などを決めている。米軍作成「空襲損害評価報告書」のなかの「目標情報票」によると、前橋市街地には中島飛行機前橋工場や理研工業などの軍需工場に部品を供給している小工場があり、中島飛行機太田工場のような大工場を破壊した後ではこうした小工場が軍需産業で重要になっていると記されている。しかし、想定された爆撃中心点は住宅密集地域であり、一般市民生活を壊滅する無差別爆撃であったことは明らかである。

前橋を襲ったのは太平洋上のテニアン島米軍基地を発進したB29一〇二機（前橋上空に到達したのは九二機）。五日の夜一〇時二八分から六日の午前〇時八分まで、高度四六三三～五一五一メートルから、五〇〇ポンド集束焼夷弾、五〇〇ポンド破砕爆弾、五〇〇ポンド通常爆弾

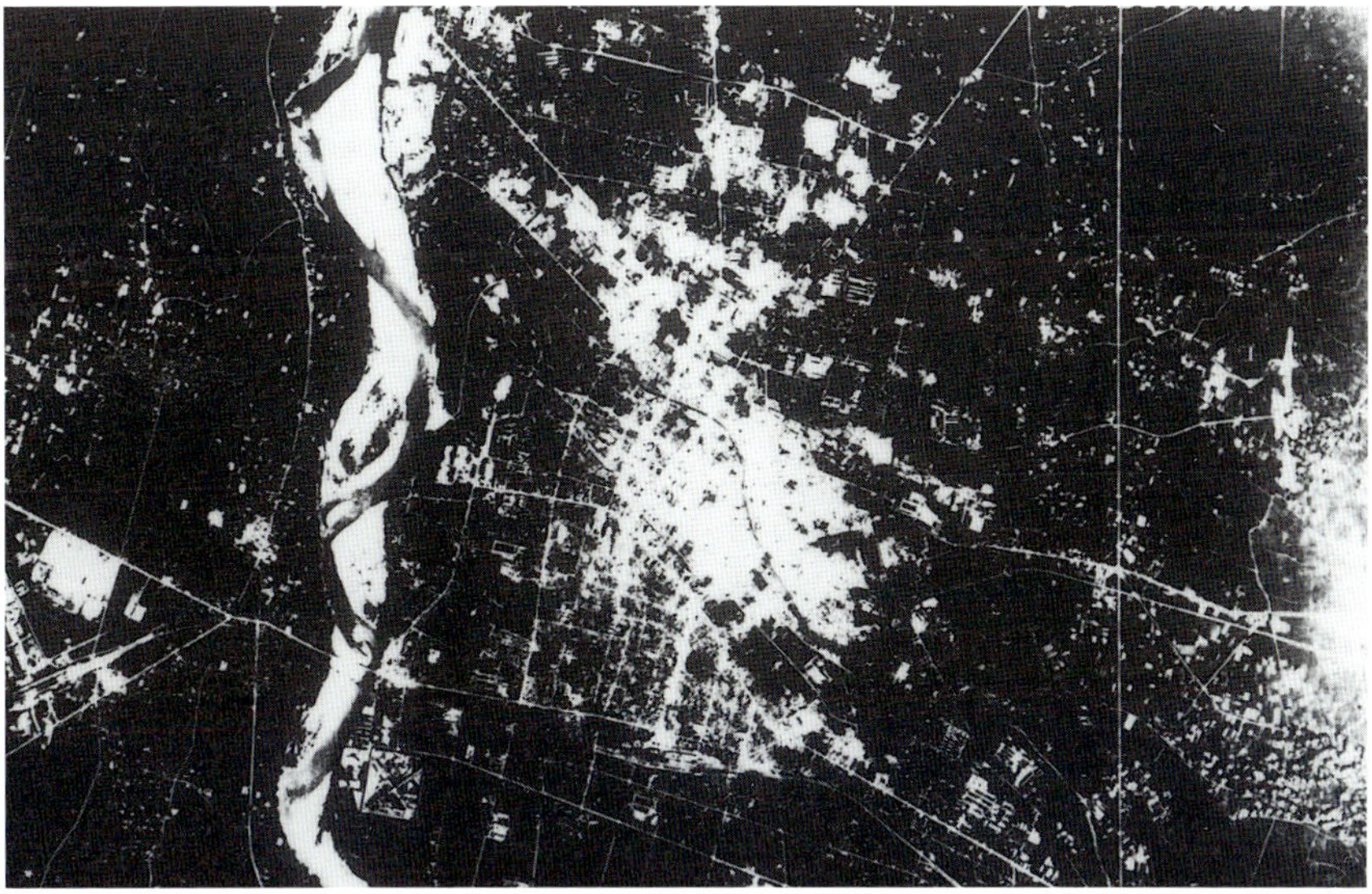

図 48 ● 1945 年 8 月 29 日米軍撮影の偵察写真
白く写っている箇所が焼失した前橋市街地。

図 49 ●前橋空襲の被害
空襲から一夜明けた 8 月 6 日朝の前橋市連雀町通りの空襲被害の惨状。
多くの家屋が焼失し、まだ煙がくすぶっている。（田村秀市氏撮影）

を合計七二三・八トンも投下した。五〇〇ポンド破砕爆弾とは、九キロ片鋼弾（破片弾）を二〇発束ねた五〇〇ポンド（二〇〇キロ）爆弾で、空中で爆発し広範囲の人員殺傷用に使用された。

こうして前橋市街地は八〇パーセントが焦土と化し（図48・49）、死者は五八七名にのぼった。なぜ、このような多大な犠牲者が出たのか。それには日本軍の対空砲火が貧弱かつ不正確で、また三〇～三五機の日本軍機が一四回攻撃を仕掛けたがわずかにB29一機に損害を与えただけであったという、ほとんど無防備での空襲であったことがあげられる。

しかしそれ以上に、一般市民の避難などが計画されていなかったことを指摘しなければならない。米軍の空襲予告ビラが七月三一日には前橋周辺に投下されており、事前に空襲があることは判明している。また一般市民は、焼夷弾攻撃に対して、避難よりも消火の役割をもたされていた。しかし、火災による犠牲者がたいへん多く、五〇〇ポンド破砕爆弾のような人員殺傷用爆弾も含まれていたのである。日本の軍部は、B29が焼夷弾以外にこの爆弾を投下したという事実を公表していない。

B29の日本本土空襲についての研究は、東京、大阪などの大都市空襲を中心におこなわれており、比較的空襲の実態が判明している。しかし、前橋を含めた地方都市についての研究はこれからの課題である。

5　敗戦

飛行場の痕跡をさがして

前橋空襲の一〇日後、日本は敗戦をむかえた。住谷修さんの日記によると、一七日には飛行場勤務の軍属が帰郷し、格納庫の破壊がはじまり、二七日には兵隊が各種の資財をトラックで運び出している。

まもなく飛行場は米軍に接収されたが使用されず、飛行機の残骸は置かれたまま、飛行場の様相は「丈余の表土を抜かれて固い金岩の面と化した処、埋め立てられても表面に金岩をならされた場所、滑走路には小石が敷きつめられ、それ以外の地は地均後手も入れない雑草に覆われて居た」（堤ヶ岡村誌）という状態であった（図50）。

現在、飛行場跡地周辺に、飛行場の痕跡が確認できるのであろうか。地元の発掘作

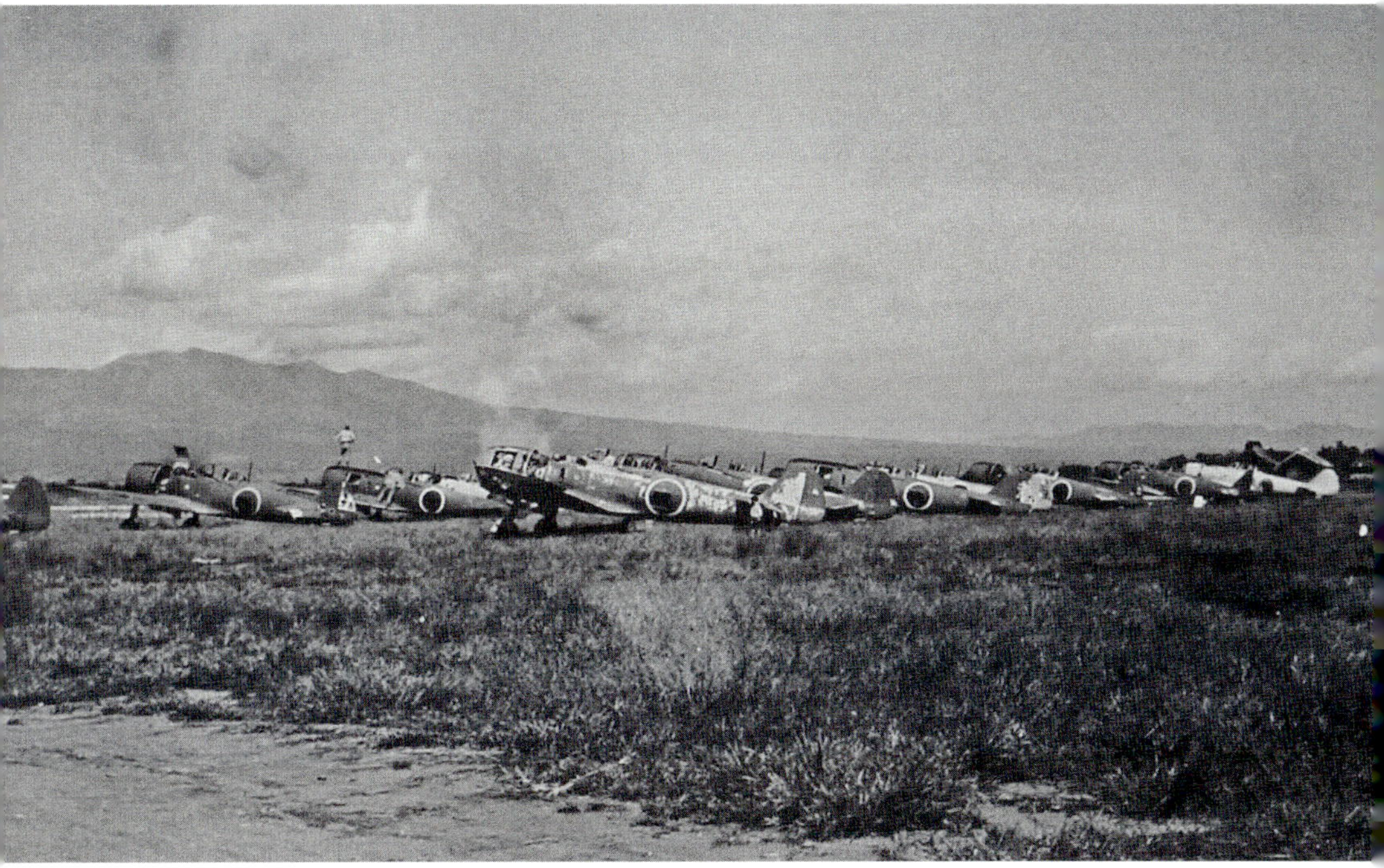

図 50 ● **敗戦直後の前橋飛行場**（志村市太郎氏撮影）
飛行機は四式戦闘機「疾風」。すでに全機プロペラをはずされている。背後にみえるのは赤城山。

業員さんからの情報をもとに周辺を歩いてみた。

　掩体は残っていなかった。当時、掩体には各種の考案がなされ、土嚢《どのう》を積んだ簡単なものからコンクリート製の完全なものまでいろいろとあった。前橋飛行場では土手式の簡易な掩体で屋根もなかったために、戦後いち早くに壊されてしまったようだ。

　木造兵舎は戦後改修されて群馬中央中学校の校舎として一九五八年まで使用されていたが、その後、とり壊されている。

図 51 ● 格納庫の痕跡
住宅地に、一辺 45 メートルのコンクリート基礎（上）と東西 35 メートルのコンクリート基礎（下）が残っている。

唯一残されていたのは、飛行場の西側地区にあった各種施設群の基礎コンクリートの一部である。これは現在、住宅地となった一角に残されている。

一九四五年四月七日の米軍B29により撮影された航空写真（図44）と戦後まもなくに同じく米軍によって撮影された航空写真（図7）から検討すると、この基礎コンクリートは格納庫の一部となる。一カ所は一辺四五メートルの区画で残り、その南西約五三メートルのところに、東西三五メートルのコンクリート基礎が残っている（図51）。コンクリートの厚さは約二〇センチであった。規模から判断すると前者は格納庫の大に、後者は格納庫の小にそれぞれ該当している。

滑走路に敷かれていた金網（図52）は、戦後学校グランドのバックネットや民家の垣根の一部として再利用されていた。付近の民家に保存されていた金網の一部を発掘調査時に提供していただいた。この金網は南方戦線用として作製されたもののようであったが、すでに運ぶ船舶も不足していたために内地の飛行場に転用されたというものである。

図52 ●滑走路に敷いていた金網
戦後、学校のバックネットや民家の垣根などに再利用されていた。

再び農地へ転換した痕跡

発掘調査では、遺跡の中央部で、飛行場造成面から三基の土坑と四個のピット、一基の用水路と三基の排水路がみつかっている（図8a参照）。第2章でみた、飛行場造成面の下からみつかったものとは時期がちがう。当初は、飛行場の造成工事にともなうものではと考えていたが、調査の進展とともに戦後の構築であることがわかった。

三基の排水路は、北西から東南方向に走行する径七〇センチの円形のコンクリート管を埋設した用水路に接続する排水路で、四〇メートル間隔の魚骨式配列となっている。

たとえば一号排水路は、上幅〇・九〜一・四メートル、下幅〇・三〜〇・五メートル、深さ〇・五〜〇・六メートルで、長さ約四五・五メートル分を発掘した（図53）。排水路には七四本のコンクリート管が埋設されていた。いずれも本体径一七センチで、円孔四個が穿たれている。排水路の底面に石を敷き、その上に配置したものである。

図53 ● 1号排水路
飛行場造成土を掘削して径17cmのコンクリート管を埋設している、魚骨式配列の一部を構成する暗渠排水。

そして砂利と石、さらに掘削した飛行場の造成土で埋め戻されている。他の排水路の構築方法も同様であった。

管の継ぎ目や円孔から地下水を流入させる暗渠で、排水効果の良いこと、耐用年限の長いことなどの特徴をもつ。しかし、戦後比較的早い時期に埋設された管であることから、みるからに粗悪な印象をまぬがれないものであった。

用水路は、上幅一・三〜二メートル、下幅一〜一・五メートル、深さ〇・七〜〇・九メートル、長さ約四四メートル分を発掘した。底面に石や木を敷き、その上にコンクリート管を配置したものである。そして砂利と石、さらに掘削した飛行場の造成土で埋め戻されている。

この用水路は染谷《そめや》川の分水口から元飛行場開田地までの「中群馬用水」の幹線で、戦後、旧飛行場地帯に水稲の植付が計画されたときに構築されたものである。

造成土中で検出された遺構は、戦後まもなく飛行場を農地化するためにおこなわれた事業の一端を明らかにした。

戦後、航空関係者の間で復員失業者の救済対策の一方法として、全国各地の飛行場の農地化が計画され、前橋飛行場もその対象となった。米軍撤退後に各関係町村にて就農組合を組織し、飛行場地区開拓の許可を受け、開墾されていった。一九四九年二月一日に最初の売渡しがおこなわれ、五一年一一月までに全耕地が売り渡たされた。

こうして陸軍前橋飛行場はなくなり、今日みられる景観となったのである。

参考文献

（自治体史）

堤ヶ岡村誌編纂委員会　一九五六『堤ヶ岡村誌』

国府村誌編纂委員会　一九七四『国府村誌』

群馬町誌刊行委員会　二〇〇二『群馬町誌　通史編　下　近代現代』

（発掘調査報告書）

新井　悟ほか編　二〇〇四『明治大学校地内遺跡調査団　年報1』明治大学校地内遺跡調査団

小林　正編　二〇〇五『塚田村東Ⅳ遺跡・塚田中原遺跡（0区）・引間松葉遺跡（Ⅲ区）』（財）群馬県埋蔵文化財調査事業団

菊池　実編　二〇〇六『棟高辻久保遺跡』（財）群馬県埋蔵文化財調査事業団

菊池　実編　二〇〇七『引間六石遺跡・引間松葉遺跡・塚田的場遺跡・塚田中原遺跡』（財）群馬県埋蔵文化財調査事業団

田中大輔編　二〇〇七『ロタコ（御勅使河原飛行場跡）』南アルプス市教育委員会

（論文・その他）

森　茂・長澤　誠　一九五〇「飛行場」『土木工学の概観』日本学術振興会

福澤丈夫　一九七九「新田原方面8FDの沖縄特攻」『陸軍航空の鎮魂（二版）』

畠山卓次　一九九五「青航一期生岡部三郎君特攻出撃のこと」『会報特攻』第二四号

菊池　実　二〇〇〇「近代戦争遺跡調査の視点」『季刊考古学』第七二号　雄山閣出版

菊池　実　二〇〇三「陸軍前橋飛行場物語」『研究紀要』二一　（財）群馬県埋蔵文化財調査事業団

菊池　実　二〇〇五「陸軍前橋飛行場物語（2）」『研究紀要』二三　（財）群馬県埋蔵文化財調査事業団

菊池　実　二〇〇六「陸軍前橋飛行場物語（3）」『研究紀要』二四　（財）群馬県埋蔵文化財調査事業団

菊池　実　二〇〇七「陸軍前橋飛行場物語（4）」『研究紀要』二五　（財）群馬県埋蔵文化財調査事業団

菊池　実　二〇〇七「戦争遺跡の問題点」『季刊考古学』第一〇〇号　雄山閣出版

廣津英一　二〇〇六「棟高辻久保遺跡における中世の水田開発と水路」『研究紀要』二四　（財）群馬県埋蔵文化財調査事業団

（単行本ほか）
防衛庁防衛研修所戦史室　一九六八『戦史叢書　本土防空作戦』朝雲新聞社
防衛庁防衛研修所戦史室　一九七〇『戦史叢書　沖縄・台湾・硫黄島方面陸軍航空作戦』朝雲新聞社
村永　薫編　一九九二『知覧特別攻撃隊』ジャプラン
深堀道義　二〇〇一『特攻の真実』原書房
菊池　実　二〇〇五『近代日本の戦争遺跡』青木書店
入口健太郎編　二〇〇二『蒼天に紅の血は燃えて』

（戦時下の記録類）
堤ヶ岡村国民学校『当直日誌』昭和一八年度と昭和一九年度は一学期・二学期・三学期分の計六冊、昭和二〇年度は一冊（高崎市立堤ヶ岡小学校所蔵）
堤ヶ岡村国民学校『自昭和十八年度　進達書類綴』（高崎市立堤ヶ岡小学校所蔵）
「本土航空作戦記録　附録第三　本土航空施設の梗概」（防衛研究所図書館所蔵）
「飛行場記録　昭和一九年四月二〇日調製　第一航空軍司令部」（防衛研究所図書館所蔵）
「本土における陸軍飛行場要覧　第一復員局作製」（防衛研究所図書館所蔵）
「第八飛行師団特攻隊戦果調査表」（防衛研究所図書館所蔵）
「八飛師　特攻隊死亡通報綴」（防衛研究所図書館所蔵）
「天号作戦間に於けると号部隊運用並びに戦闘に関する戦訓」（防衛研究所図書館所蔵）
「天一号航空作戦戦闘詳報」（防衛研究所図書館所蔵）
「天一号航空作戦戦闘詳報附録（其ノ二）」（防衛研究所図書館所蔵）
「沖縄基地の航空特攻に関する戦史資料」（防衛研究所図書館所蔵）

刊行にあたって

「遺跡には感動がある」。これが本企画のキーワードです。

あらためていうまでもなく、専門の研究者にとっては遺跡の発掘こそ考古学の基礎をなす基本的な手段です。また、はじめて考古学を学ぶ若い学生や一般の人びとにとって「遺跡は教室」です。

日本考古学では、もうかなり長期間にわたって、発掘・発見ブームが続いています。そして、毎年厖大な数の発掘調査報告書が、主として開発のための事前発掘を担当する埋蔵文化財行政機関や地方自治体などによって刊行されています。そこには専門研究者でさえ完全には把握できないほどの情報や記録が満ちあふれています。しかし、その遺跡の発掘によってどんな学問的成果が得られたのか、その遺跡やそこから出た文化財が古い時代の歴史を知るためにいかなる意義をもつのかなどといった点を、莫大な記述・記録の中から読みとることははなはだ困難です。ましてや、考古学に関心をもつ一般の社会人にとっては、刊行部数が少なく、数があっても高価なその報告書を手にすることすら、ほとんど困難といってよい状況です。

いま日本考古学は過多ともいえる資料と情報量の中で、考古学とはどんな学問か、また遺跡の発掘から何を求め、何を明らかにすべきかといった「哲学」と「指針」が必要な時期にいたっていると認識します。

本企画は「遺跡には感動がある」をキーワードとして、発掘の原点から考古学の本質を問い続ける試みとして、日本考古学が存続する限り、永く継続すべき企画と決意しています。いまや、考古学にすべての人びとの感動を引きつけることが、日本考古学の存立基盤を固めるために、欠かせない努力目標の一つです。必ずや研究者のみならず、多くの市民の共感をいただけるものと信じて疑いません。

監　修　戸沢　充則

編集委員　勅使河原彰　小野　昭
小野　正敏　石川日出志
小澤　毅　佐々木憲一

著者紹介

菊池　実（きくち・みのる）

1954年、群馬県生まれ
國學院大學大学院博士課程前期修了
現在、（財）群馬県埋蔵文化財調査事業団主席専門員
第32回藤森栄一賞受賞
主な著作『しらべる戦争遺跡の事典（正・続）』柏書房、『近代日本の戦争遺跡』青木書店、『陸軍岩鼻火薬製造所の歴史』みやま文庫、『フィールドワーク群馬の戦争遺跡』平和文化ほか多数。

写真提供
（財）群馬県埋蔵文化財調査事業団：図9・10・12～16・18～20・22・24・36・39・41・42・53
毎日新聞社：図25・26・30・31・47
沖縄県公文書館：図32・46
内藤真治：図33
明治大学校地内遺跡調査団：図38
国立国会図書館憲政資料室：図44・45・48
久保田正司：図50
上記以外は著者

図版出典
『棟高辻久保遺跡』：図2・7・8・11・21
菊池論文2003～2007：図3・4・5・17・23・29・35
『塚田村東Ⅳ遺跡ほか』：図37
『引間六石遺跡ほか』：図40
『戦災と復興』：図49

シリーズ「遺跡を学ぶ」047
戦争遺跡の発掘・陸軍前橋飛行場

2008年 6月15日　第1版第1刷発行

著　者＝菊池　実
発行者＝株式会社 新 泉 社
東京都文京区本郷2-5-12
振替・00170-4-160936番　TEL03(3815)1662／FAX03(3815)1422
印刷／萩原印刷　製本／榎本製本

ISBN978-4-7877-0837-3　C1021

シリーズ「遺跡を学ぶ」

A5判／96頁／定価1500円＋税

第Ⅰ期（全31冊・完結）

01 北辺の海の民・モヨロ貝塚　米村　衛
02 天下布武の城・安土城　木戸雅寿
03 古墳時代の地域社会復元・三ツ寺Ⅰ遺跡　若狭　徹
04 原始集落を掘る・尖石遺跡　勅使河原彰
05 世界をリードした磁器窯・肥前窯　大橋康二
06 五千年におよぶムラ・平出遺跡　小林康男
07 豊饒の海の縄文文化・曽畑貝塚　木﨑康弘
08 未盗掘石室の発見・雪野山古墳　佐々木憲一
09 氷河期を生き抜いた狩人・矢出川遺跡　堤　隆
10 描かれた黄泉の世界・王塚古墳　柳沢一男
11 江戸のミクロコスモス・加賀藩江戸屋敷　追川吉生
12 北の黒曜石の道・白滝遺跡群　木村英明
13 古代祭祀とシルクロードの終着地・沖ノ島　弓場紀知
14 黒潮を渡った黒曜石・見高段間遺跡　池谷信之
15 縄文のイエとムラの風景・御所野遺跡　高田和徳
16 鉄剣銘一一五文字の謎に迫る・埼玉古墳群　高橋一夫
17 石にこめた縄文人の祈り・大湯環状列石　秋元信夫
18 土器製塩の島・喜兵衛島製塩遺跡と古墳　近藤義郎
19 縄文の社会構造をのぞく・姥山貝塚　堀越正行
20 大仏造立の都・紫香楽宮　小笠原好彦
21 律令国家の対蝦夷政策・相馬の製鉄遺跡群　飯村　均
22 筑紫政権からヤマト政権へ・豊前石塚山古墳　長嶺正秀
23 弥生実年代と都市論のゆくえ・池上曽根遺跡　秋山浩三
24 最古の王墓・吉武高木遺跡　常松幹雄
25 石槍革命・八風山遺跡群　須藤隆司
26 大和葛城の大古墳群・馬見古墳群　河上邦彦
27 南九州に栄えた縄文文化・上野原遺跡　新東晃一
28 泉北丘陵に広がる須恵器窯・陶邑遺跡群　中村　浩
29 東北古墳研究の原点・会津大塚山古墳　辻　秀人
30 赤城山麓の三万年前のムラ・下触牛伏遺跡　小菅将夫
別01 黒耀石の原産地を探る・鷹山遺跡群　黒耀石体験ミュージアム

第Ⅱ期（全20冊・好評刊行中）

31 日本考古学の原点・大森貝塚　加藤　緑
32 斑鳩に眠る二人の貴公子・藤ノ木古墳　前園実知雄
33 聖なる水の祀りと古代王権・天白磐座遺跡　辰巳和弘
34 吉備の弥生大首長墓・楯築弥生墳丘墓　福本　明
35 最初の巨大古墳・箸墓古墳　清水眞一
36 中国山地の縄文文化・帝釈峡遺跡群　河瀬正利
37 縄文文化の起源をさぐる・小瀬ヶ沢・室谷洞窟　小熊博史
38 世界航路へ誘う港市・長崎・平戸　川口洋平
39 武田軍団を支えた甲州金・湯之奥金山　谷口一夫
40 中世瀬戸内の港町・草戸千軒町遺跡　鈴木康之
41 松島湾の縄文カレンダー・里浜貝塚　会田容弘
42 地域考古学の原点・月の輪古墳　近藤義郎・中村常定
43 天下統一の城・大坂城　中村博司
44 東山道の峠の祭祀・神坂峠遺跡　市澤英利
45 霞ヶ浦の縄文景観・陸平貝塚　中村哲也
46 律令体制を支えた地方官衙・弥勒寺遺跡群　田中弘志
47 戦争遺跡の発掘・陸軍前橋飛行場　菊池　実